板書&指導案で
よくわかる!

中学校 **2**年の

道徳授業

35時間のすべて

柴原弘志 編著

明治図書

はじめに

　いよいよ，中学校においても教科書を使用した「特別の教科　道徳」（以下，道徳科）の全面実施による取り組みが展開されます。今後求められている道徳科の授業や評価に対して不安やとまどい・悩みを抱えておられる学校や先生方もおられるのではないでしょうか。本書では，そうした学校や先生方の一助になればと考え，年間35時間の道徳科の授業で使用される教科書の教材をもとに，具体的な学習指導と評価の考え方を学習指導過程・板書及び評価記述の文例と共に掲載させていただきました。多くの方々にご活用いただけることを願っています。

　さてここでは，道徳科において求められている「考え，議論する道徳」について，あらためてその趣旨を確認させていただきたいと思います。これまでも，「考える道徳」の授業に取り組まれてきた先生方は多いと思います。逆に「考えない道徳」の授業をイメージすることの方が難しいはずです。また，通常の道徳授業では，生徒による意見等の交流が行われることも一般的なことではないでしょうか。道徳科において，ことさらに「考え，議論する道徳」の授業が求められている理由は，いったいどこにあるのでしょうか。道徳科の授業づくりや評価の在り方を考えるうえでも，非常に重要な部分ですので確認しておきましょう。

　「幼稚園，小学校，中学校，高等学校及び特別支援学校の学習指導要領等の改善及び必要な方策等について（答申）」（平成28年12月21日）では，「考え，議論する道徳」について，次のように説明しています。

> 　多様な価値観の，時には対立がある場合を含めて，誠実にそれらの価値に向き合い，道徳としての問題を考え続ける姿勢こそ道徳教育で養うべき基本的資質であるという認識に立ち，発達の段階に応じ，答えが一つではない道徳的な課題を一人一人の児童生徒が自分自身の問題と捉え，向き合う

という「考え，議論する道徳」へと転換を図らなければならないとしています。特に「単なる生活経験の話合いや読み物の登場人物の心情の読み取りのみに偏った形式的な指導」からの転換を求めています。これまでの授業において，はたして生徒が，ここでいうところの「自分自身の問題と捉え，向き合う」ことのできるような，いわば「自分事として」考えを深めることのできる授業になっていたかどうかについては，必ずしも十分なものとはいえないのではないでしょうか。また，話し合いの中で「議論する道徳」にまったく取り組んでこなかったということもないでしょうが，それとて，お互いの考えた内容が単に告げられる程度であって，「多様な価値観の，時には対立がある」ような場面設定での意見のからみ合いといったものなどはない，ある意味一面的で深みのない授業で終わってしまっていることはなかったでしょうか。

　授業の中で「議論になる」ということは，前提としてその場に，生徒個々にとって自分とは異なる感じ方・考え方や価値観が存在しているということです。そこでは，必然的に他の人は

なぜそのように考えるのだろうという疑問をもつこととなります。すなわち，生徒一人ひとりに，「疑問」という「問い」が立つということです。授業における発問は，基本的には指導者から発せられるものですが，ここには自らの「疑問」という主体的な「問い」が，一人ひとりの生徒自身に立っているということです。そして，その「疑問」を解決しようと，自ら対話を求めようとしているということです。まさに，ここには今日求められている「主体的・対話的で深い学び」へとつながる可能性が見出されるのです。こうした「考え，議論する道徳」が提起している授業の具体像を正しく捉え，これまでの授業と比較検討することから，よりよい授業づくりへの取り組みを進めることが大切です。

学習指導要領の「第３　指導計画の作成と内容の取扱い」には，

>　生徒が<u>多様な感じ方や考え方に接する</u>中で，<u>考えを深め</u>，判断し，表現する力などを育むことができるよう，<u>自分の考えを基に討論したり書いたりするなどの言語活動を充実すること</u>。その際，<u>様々な価値観について多面的・多角的な視点から振り返って考える機会</u>を設けるとともに，<u>生徒が多様な見方や考え方に接しながら，更に新しい見方や考え方を生み出していく</u>ことができるよう留意すること
> 　　　　　　　　　　　　　　　　　　　　　　　　　　　　　（下線：筆者）

と示されています。以上の下線を付した部分は，まさに「考え，議論する道徳」と関連の深い内容です。こうして見てくると，「考え，議論する道徳」は「道徳科」の基本的な学習活動の１つの姿を示しているといえるでしょう。「考え，議論する道徳」は，あくまでも道徳科の特質を正しく踏まえる限りにおいて，今日求められている「主体的・対話的で深い学び」へと道徳科の授業を導くための，１つの方途となるものでもあるのです。

ただし，「議論する」ということを意識するあまり，まず「道徳的諸価値についての理解を基に，自己を見つめ」自問・内省し考えるといった学習活動がおろそかになってはいけません。「議論」の前に，しっかりとした道徳科における「一人学び」・「個人ワーク」が為されてこその「議論」によって，その学びはより深いものへと導かれるのです。また，道徳性の諸様相としては道徳的判断力・心情・実践意欲と態度が考えられており，「考え，議論する道徳」に加えて「豊かに感じ取れる道徳」「実践意欲の高まる道徳」を意識した授業づくりも，これまでと同様に大切にされなければなりません。すなわち，年間35時間の授業をすべて「議論する」ものにしなくてはならないということではないことに留意して取り組みたいものです。

最後になりましたが，本書の執筆にご尽力いただきました先生方に対し，心より御礼申し上げます。本書が，多くの皆様方にご活用いただき，我が国の道徳教育充実に少しでも寄与するものとなることを心より願うところです。

平成31年３月

柴原　弘志

本書の使い方

●掲載教科書

取り上げている教材が、どの教科書に掲載されているかを示しています。黒く色が塗られているものが掲載している教科書です。

※教科書によって、同じ教材でも場面設定等が異なる場合がございます。そのため、本書で取り上げたあらすじや展開例と部分的に異なる場合がございます。また、教材名が各社によって異なる場合、掲載教科書として表示されていない場合がございます。ご了承ください。

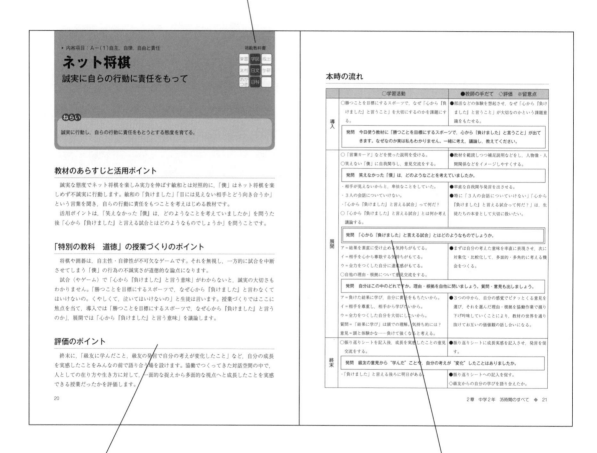

●授業づくり・評価のポイント

「特別の教科 道徳」のポイントである、「考え、議論する道徳」にするための手立てや、授業改善のための評価のポイントが明確にわかります。

●本時の流れ・中心発問(主発問)

中心発問(主発問)にあたるものは、二重線で示してあります。

●準備物
本時の準備物を示しています。

●板書例
本時の板書例を示しています。
記す内容や書き方がわかります。

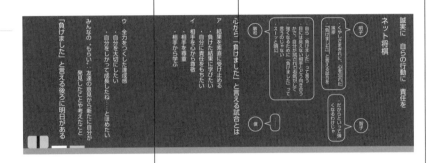

●本時の実際
1時間の展開例が明確にわかります。生徒の反応や授業のポイントを示しています。

本書の使い方 ◆ 5

CONTENTS

はじめに
本書の使い方

1章 道徳科 授業づくりのポイント

道徳科の授業づくりの基本 …10
道徳科における学びの方法知を意識させる授業づくり …12
多様な指導方法による授業づくり …14
道徳科における生徒の学習状況等に関する評価のポイント …16
道徳科における学習指導案と板書のポイント …18

2章 中学2年 35時間のすべて

ネット将棋	（1）自主，自律，自由と責任	…20
カラカラカラ	（1）自主，自律，自由と責任	…24
ぱなしの女王	（2）節度，節制	…28
避難所にて	（2）節度，節制	…32
五万回斬られた男・福本清三	（3）向上心，個性の伸長	…36
木箱の中の鉛筆たち	（4）希望と勇気，克己と強い意志	…40
雪に耐えて梅花麗し―黒田博樹	（4）希望と勇気，克己と強い意志	…44
ヒト・iPS細胞を求めて　山中伸弥	（5）真理の探究，創造	…48
夜のくだもの屋	（6）思いやり，感謝	…52
心に寄りそう	（6）思いやり，感謝	…56
気づかなかったこと	（6）思いやり，感謝	…60
一枚のはがき	（7）礼儀	…64

嵐の後に	(8)友情，信頼…68
ゴール	(8)友情，信頼…72
ライバル	(8)友情，信頼…76
なみだ	(9)相互理解，寛容…80
オーストリアのマス川	(10)遵法精神，公徳心…84
許さない心	(10)遵法精神，公徳心…88
わたしのせいじゃない	(11)公正，公平，社会正義…92
クロスプレー	(11)公正，公平，社会正義…96
リスペクト　アザース	(11)公正，公平，社会正義…100
加山さんの願い	(12)社会参画，公共の精神…104
そうじの神様が教えてくれたこと	(13)勤労…108
ごめんね，おばあちゃん	(14)家族愛，家庭生活の充実…112
ハイタッチがくれたもの	(15)よりよい学校生活，集団生活の充実…116
私の町	(16)郷土の伝統と文化の尊重，郷土を愛する態度…120
さよなら，ホストファミリー	(17)我が国の伝統と文化の尊重，国を愛する態度…124
六千人の命のビザ	(18)国際理解，国際貢献…128
奇跡の一週間	(19)生命の尊さ…132
たったひとつのたからもの	(19)生命の尊さ…136
体験ナースをとおして	(19)生命の尊さ…140
樹齢七千年の杉	(20)自然愛護…144
夜は人間以外のものの時間	(21)感動，畏敬の念…148
足袋の季節	(22)よりよく生きる喜び…152
ネパールのビール	(22)よりよく生きる喜び…156

3章 中学2年 通知表の記入文例集

1学期の記入文例	Aの視点に関わる文例	…162
1学期の記入文例	Bの視点に関わる文例	…163
1学期の記入文例	Cの視点に関わる文例	…164
1学期の記入文例	Dの視点に関わる文例	…165
2学期の記入文例	Aの視点に関わる文例	…166
2学期の記入文例	Bの視点に関わる文例	…167
2学期の記入文例	Cの視点に関わる文例	…168
2学期の記入文例	Dの視点に関わる文例	…169
3学期の記入文例	Aの視点に関わる文例	…170
3学期の記入文例	Bの視点に関わる文例	…171
3学期の記入文例	Cの視点に関わる文例	…172
3学期の記入文例	Dの視点に関わる文例	…173

1章 道徳科授業づくりのポイント

道徳科の授業づくりの基本

道徳科の本質・特質から考える授業づくり

　道徳科における授業づくりを考えるうえで最も大切なことは，目の前の生徒の実態に即して，道徳科の目標やそれぞれの時間のねらいの実現に効果的な授業を設計するということです。私は立場上，先生方から授業で十分な手ごたえが感じられないといった相談を受けることがあります。そうした相談の中には，具体的な方法論にばかりとらわれて，道徳科の授業の本質や特質を踏まえていないがために，結果的に十分な生徒の反応や思考の深まりが感じられない授業となってしまっているケースが多いように思います。

　「解説」では，「特別の教科　道徳」の「内容」について，「教師と生徒が人間としてのよりよい生き方を求め，共に考え，共に語り合い，その実行に努めるための共通の課題である」と説明しています。こうした「内容」の捉え方は，「道徳の時間」が特設された昭和33年（1958年）以来一貫したものとなっており，重要なことなのです。すなわち，道徳の授業では，その時間のねらいに含まれる「道徳的価値」及びそれに関わる諸事象について，教師も，あらためて生徒と「共に考え」「共に語り合う」ことが求められているということです。例えば，ある道徳科の授業で「友情」に関わることが扱われたとすると，教師自らも，自分にとっての友とはどういった存在であり，どのような関係をもってきたのかといったことを考えながら授業づくりをすることが大切なのです。そうすることで，その授業がよりリアリティのあるものにもなり，生徒の反応に対する予測もより豊かなものとなり，効果的な教材分析や発問等の工夫が可能となるのです。

　ここで，注目すべきは「話し合う」という表現ではなく「語り合う」と示されていることです。「語る」は言偏に「吾」と書きますが，「吾」を言葉化すると捉えてみてはいかがでしょう。ある教材の中に描かれた状況での登場人物を自分に置き換えて，その時の考えや行動を自分事として考え，その内容を言葉にして交流し合う。そうした学習活動が求められているということです。仮に「登場人物は，どんなことを考えたのでしょう」という発問であったとしても，その答えは，教材のどこにも示されていません。生徒一人ひとりは，これまでの自分自身の体験などを思い起こしながら，登場人物と同じ状況で自分はどんなことを考えるだろうかと，「自分が自分に自分を問う」ことでしか答えが見出されないのです。答えは自分の中にしかなく，自分自身と対話するしかないのです。すなわち，「自己内対話」が求められているのです。道徳科における発問では，主体的かつ対話的な学びとなる「自己内対話」を必要とする「自分が自分に自分を問う」ことのできる問いを工夫することが求められているのです。

道徳科における「評価の観点」から考える授業づくり

道徳科の授業づくりを考えるうえで,その基本として最も重要なことは,

> よりよく生きるための基盤となる道徳性を養うため,道徳的諸価値についての理解を基に,自己を見つめ,物事を広い視野から多面的・多角的に考え,人間としての生き方についての考えを深める学習を通して,道徳的な判断力,心情,実践意欲と態度を育てる

という「道徳科の目標」の趣旨・内容を正しく理解し授業を設計するということです。このことに関して,「解説」には道徳科の授業に対する評価の観点例が以下のように示されています。

【学習指導過程や指導方法に関する評価の観点例】

①学習指導過程は,道徳科の特質を生かし,道徳的価値の理解を基に自己を見つめ,人間としての生き方について考えを深められるよう適切に構成されていたか。また,指導の手立てはねらいに即した適切なものとなっていたか

②発問は,生徒が広い視野から多面的・多角的に考えることができる問い,道徳的価値を自分のこととして捉えることができる問いなど,指導の意図に基づいて的確になされていたか

③生徒の発言を傾聴して受け止め,発問に対する生徒の発言などの反応を,適切に指導に生かしていたか

④自分自身との関わりで,物事を広い視野から多面的・多角的に考えさせるための,教材や教具の活用は適切であったか

⑤ねらいとする道徳的価値についての理解を深めるための指導方法は,生徒の実態や発達の段階にふさわしいものであったか

⑥特に配慮を要する生徒に適切に対応していたか

　以上のような観点から授業づくりを考えることが大切です。ここでは,生徒の発言等がより効果的に生かされる授業となるよう,③に示されている観点について確認しておきたいと思います。

　観点③では,生徒の発言を「聞いて受け止め」ではなく「傾聴して受け止め」とあり,「聴く」姿勢を大切にすることを求めています。「聴」の字の成り立ちは耳偏に「直」の下に「心」と書きます。相手の心に耳を直接当てて,その真意・本音,声なき声まで聴き取ろうということでしょうか。教師の期待している言葉ではなく,生徒一人ひとりの真意・本音を生徒自身にも自覚できるように聴き取ろうとする工夫が求められています。そして生徒の発言や記述内容から,さらに深く考えることのできる授業づくりが求められているのです。そのためには,生徒の発言等に対して,確認（立場・対象）,根拠や具体例,言い換え,本音等を求める重層的発問（問い返し・切り返し）が効果的です。

道徳科における学びの方法知を意識させる授業づくり

道徳科における「評価の視点」から考える授業づくり

「解説」には道徳科における生徒に対する評価の視点例が以下のように示されています。
【学習状況等に関する評価の視点例】
◆一面的な見方から多面的・多角的な見方へと発展しているか
①道徳的価値に関わる問題に対する判断の根拠やそのときの心情を様々な視点から捉え考えようとしているか
②自分と違う立場や感じ方、考え方を理解しようとしているか
③複数の道徳的価値の対立が生じる場面において取り得る行動を広い視野から多面的・多角的に考えようとしているか
◆道徳的価値の理解を自分自身との関わりの中で深めているか
④読み物教材の登場人物を自分に置き換えて考え、自分なりに具体的にイメージして理解しようとしているか
⑤現在の自分自身を振り返り、自らの行動や考えを見直しているか
⑥道徳的な問題に対して自己の取り得る行動を他者と議論する中で、道徳的価値の理解を更に深めているか
⑦道徳的価値を実現することの難しさを自分のこととして捉え、考えようとしているか

　ここに示されているのは、道徳科における生徒の学習状況等に関する評価の視点例でありますが、これは、道徳科の授業づくりへの重要な観点ともなることを確認しておきましょう。
　ここに示された生徒の学習状況等に関する評価の視点は、道徳科の授業において生徒に求めている学びの姿を示したものとなっています。従って、そうした学びの姿となるような学習活動を設計することが教師には求められていることになります。例えば、「道徳的価値に関わる問題に対する判断の根拠やその時の心情を様々な視点から捉え考えることができる学習活動が適切に設定されていたか」「読み物教材の登場人物を自分に置き換えて考えることができるような問いが工夫されていたか」等々、「評価の視点」の文末を少し変えることによって、それらは授業づくりにも生かされる具体的な「評価の観点」ともなり得るものなのです。

道徳科における学び方を生徒に意識させる取り組み

　学習状況等に関する「評価の視点」を、教師だけが意識しているだけでは、道徳科の授業を

より質の高いものにしていくことは難しいでしょう。道徳科に求められている学び方，いわゆる方法知を生徒自身に獲得させていくことが大切です。そのためには，授業中に「評価の視点」に例示されている学びの姿が見て取れた時には，「自分の身近な体験から考えられたね」「他の人の意見と比較しながら発言できたね」「自分のこれからの生き方についても記述できたね」といった「評価語」を大いに生徒に発することが重要となります。誰かに発せられた「評価語」の蓄積は，やがて生徒全員に道徳科における学びの方法知として身につくことでしょう。また，授業でのワークシートや道徳ノートへの記述内容に対して，上記のような「評価語」を記入する実践はこれまでもありました。最近では，「自分の体験・経験を踏まえた記述」部分に一本線，「他の人の意見等にふれている記述」部分に波線，「自分の考えの変化やこれからの生き方にふれている記述」部分に二重線を付して，生徒に返却するといった実践も見られるようになってきました。

　道徳科の授業でも，そこで求められる内容知に加え，どのように学ぶことが求められているのかという方法知を生徒一人ひとりが学んでいけるようにしたいものです。あらためて考えてみますと，生徒の成長やその努力を認め，励まし，勇気づけ，さらなる意欲の向上につながる評価の機会は，年に1回〜3回の通知表等による評価に比べて，上記のような取り組みにおける評価の方がはるかに多いのです。また，そうした「評価語」を意識した道徳科授業での取り組みは，教師自身の授業づくりのスキルアップや今日求められている通知表等への個人内評価としての記述評価をより確かなものにしていくことにつながるのではないでしょうか。

　以下に，実践例を紹介します。

【振り返りシートの項目例・自己評価例（あくまでも生徒の学習活動）】
・登場人物を通して自分が考えた内容を発表することができたか
・発言している人の考えを自分と比べて聴き，理解しようとすることができたか
・他の人の発言に関連させて自分の考えに理由をつけるなどして，くわしく語ることができたか
・自分の生活や生き方について考えることができたか

【「考える」・「語る」・「記述する」ポイントを意識しましょう‼】
　次のような観点を意識しましょう‼（小中一貫教育の視点から，学年段階に応じた項目を順次増やし，下記を系統的に学級に掲示する）

・めあて・学習課題に
・登場人物と自分を重ねたり，比較したりしたことに
・根拠・理由や具体例に　　　　　　　　　　　　　　　　　　　｝ふれながら
・自分の考えなどの変化や他の人の考えなどに
・自分のこれまでの生き方やこれからの生き方に

多様な指導方法による授業づくり

道徳科における「問題解決的な学習」

　平成27年３月に告示された一部改正学習指導要領の「第３章　特別の教科　道徳」の「第３　指導計画の作成と内容の取扱い」の中に，道徳科において，道徳の内容を指導するに当たっての配慮事項の１つとして，「問題解決的な学習」を取り入れるなどの指導方法を工夫することが新たに規定されました。

> 　道徳科における問題解決的な学習とは，生徒一人一人が生きる上で出会う様々な道徳上の問題や課題を多面的・多角的に考え，主体的に判断し実行し，よりよく生きていくための資質・能力を養う学習である

と「解説」では説明しています。

　また，「道徳教育に係る評価等の在り方に関する専門家会議」の「報告」の中でも道徳科における「問題解決的な学習」の特長に関して，次のように説明しています。

　「問題場面について児童生徒自身の考えの根拠を問う発問や，問題場面を実際の自分に当てはめて考えてみることを促す発問，問題場面における道徳的価値の意味を考えさせる発問などによって，道徳的価値を実現するための資質・能力を養うことができる」

　さて，道徳科における「問題解決的な学習」で取り上げられる「問題」とは，誰にとってのどのような「問題」であるべきなのでしょうか。それは，どのような「解決」の在り方が求められている「学習」なのでしょうか。そして，その「学習」のそもそもの目的は何なのかといった点から整理すると，道徳科における「問題解決的な学習」の具備すべき基本的要件は，以下のように考えられます。

> ①道徳的価値が介在している道徳的（道徳上の）問題であること
> ②自己の問題として捉え，主体的に考えられる問題であること
> ③道徳的価値との関連から，その問題の解決が目指される学習であること
> ④道徳科の目標及びそれぞれの時間のねらいの実現に資する学習であること

　道徳科における「問題解決的な学習」で扱われる問題は，あくまでも道徳的（道徳上の）問題でなくてはなりません。すなわち，善悪が問われるという問題です。言い換えるならば，道

徳的価値が何らかのかたちで介在している問題ということです。厳密にいえば，それぞれの道徳科の時間のねらいに含まれる道徳的価値が介在している問題ということになります。

また，道徳科における「問題解決的な学習」で扱われる問題は，自分自身の問題として十分に意識され，自分のこととして考えられる問題でなくてはなりません。また，多面的・多角的に考えられる問題であり，対話的な学びに供することができる問題であることも大切です。そして，人間としての自己の生き方についての考えを深める学習となり，その道徳科の時間のねらいの実現に効果があり，道徳性の育成に資する学習となることが求められるのです。

「報告」においては，道徳科における「問題解決的な学習」での問題の態様として，次のようなものを一部提示しています。

---

①道徳的諸価値が実現されていないことに起因する問題
②道徳的諸価値について理解が不十分又は誤解していることから生じる問題
③道徳的諸価値のことは理解しているが，それを実現しようとする自分とそうできない自分との葛藤から生じる問題
④複数の道徳的価値の間の対立から生じる問題

身近な問題や現代的な課題，あるいは教材等の中に描かれた上記①～④のような問題について，あくまでも道徳的価値との関連からその解決について考えさせる学習活動を，今後ともより効果的なものへと工夫・改善したいものです。

なお，平成28年12月21日に示された「中央教育審議会答申」の中では，道徳科における「問題解決的な学習」は，「様々な道徳的諸価値に関わる問題や課題を主体的に解決する学習」というように，より具体的かつ明確な説明を冠した学習活動名として紹介されています。

道徳科において「問題解決的な学習」に取り組むうえで留意すべきこと

前述の道徳科における「問題解決的な学習」の具備すべき基本的要件は，①～④までのどれか１つでも欠ける学習は，道徳科における「問題解決的な学習」とはなり得ないということを確認しておきましょう。なぜならば，道徳科における「問題解決的な学習」は，そもそもそれ自体が目的化されるべきものではなく，あくまでも道徳科の目標及びそれぞれの時間のねらいの実現に効果的な学習方法となり得るものの１つであるということです。学習指導要領の「問題解決的な学習」について規定している部分では，留意すべき事柄として「指導のねらいに即して」「適切に取り入れる」と繰り返し押さえられていることを確認しておきます。ただし，必要以上に抑制的になることもありません。

道徳科における生徒の学習状況等に関する評価のポイント

道徳科における評価の視点と方法及び記述文例

　道徳科における評価に当たっては，学習活動に着目し，年間や学期といった一定の時間的なまとまりの中で，生徒の学習状況や道徳性に係る成長の様子を把握し評価することが求められています。「解説」に示されたその評価の大きな視点例と方法例を整理すると，次の通りです。なお，あえて評価の「観点」といわずに「視点」として示されています。このことからも，道徳科においては観点別評価はなじまないということが意識できるとよいでしょう。

【学習状況等に関する評価の視点例】
　学習活動において生徒が道徳的価値やそれらに関わる諸事象について他者の考え方や議論に触れ，自律的に思考する中で，
◆一面的な見方から多面的・多角的な見方へと発展しているか
◆道徳的価値の理解を自分自身との関わりの中で深めているか（具体的な視点例は12ページ参照）

【方法例】
　評価の基本的な方法は観察と言語分析です。従って，個人内評価を記述で行うに当たっては，その学習活動を踏まえ，発達障害等のある生徒や海外から帰国した生徒，日本語習得に困難のある生徒等を含め，発言が多くなかったり，記述することが苦手であったりする生徒もおり，発言や記述ではないかたちで表出する生徒の姿に着目することも重要です。

　そうした観察や生徒のペアワーク・グループワークや全体での発言，道徳的行為に関する体験的な学習（動作化や役割演技等）での表現，作文やノート，ワークシートなどへの記述を生かすことに加え，質問紙や授業後の個別面談（全体の場ではあまり表現できない生徒等には有効）などによる方法を工夫することも考えられます。

【評価の記述文例】「評価の視点」を踏まえた学習状況中心の内容＋その具体的様子の記述

> 　話し合い活動では，積極的に自分の考えを述べるだけではなく，友達の多様な意見を参考にして，自分の生き方についての考えを深められるようになりました。（学習状況中心）

> 　登場人物の迷いや悩みを自分のことのように捉え，そうした場ではどのように判断するのがよいことなのかを根拠に基づいて考えられるようになりました。　　（学習状況中心）

> 特に「銀色のシャープペンシル」の学習では，主人公のとった行動の中に，自分との共通部分を見出し，自分のこととして捉えるとともに，共感的に人間理解を深めるも，そのことをよしとしない自分に気づき，「自分自身に恥じない誇りある生き方をしたい」という思いをもつことができました。

> 教材の中の登場人物の生き方から，気高く生きることを自問自答する姿が見られ，学年末には「自分自身に恥じない誇りをもてることが大切だ」と記述するまでになりました。

> 特に「真の友情」について考えた学習では，みんなの意見を参考にしながら深く考え，仲良しだけの関係ではなく，互いを高め合い成長できる関係であるという理解を深め，これからはそうした友達関係をつくっていこうとする発言や記述が見られるようになりました。

> 「主として人との関わりに関すること」の学習では，体験をもとに自分を深く見つめ，自分とは異なる意見からも学ぼうとする意識をもち，特に相手のことを思いやることの大切さの理解を深め，謙虚な心で相手を認め，尊重していこうとする記述が見られました。

通知表等への記述評価は，前提として生徒や保護者に理解できる内容であるとともに道徳科における評価の趣旨を実現できる評価でなくてはなりません。一般的には「〜の学習活動への〜といった取り組み状況のもと，多様な感じ方や考え方の交流を通して，〜の観点から〜に気づき，〜という考え（理解・心情）を深めるとともに，〜への憧れを強め，〜しようとする発言・記述が見られました」等々の表現が考えられます。今後とも各学校での実践研究の蓄積とその成果を共有化していくことが大切です。また，道徳科においては生徒が「自己を見つめ」「広い視野から多面的・多角的に」考える学習活動の中で，その時間のねらいに含まれる「道徳的価値の理解」と「人間としての生き方についての考え」を相互に関連づけることによって，より深い理解や考えとなっていきます。こうした生徒一人ひとりの学習の姿を把握していくことが，学習状況に着目した評価となります。通知表等への記述評価もさることながら，授業中の発言やワークシート等への記述内容に対する「評価の視点」を踏まえた「評価語」が日常的に生徒に発せられることの方が，その成長を認め励まし，学びの方法知を意識させる機会としては多いことを忘れてはなりません。

道徳科における学習指導案と板書のポイント

【学習指導案のポイント】

　道徳科における学習指導案とは，年間指導計画に位置づけられた主題に関する学習指導について，生徒や学級の実態に即して，それぞれの時間のねらいの実現に向け，どういったことを，どのような順序，方法，学習活動を通して学ばせ，指導，評価していくのかといった構想を一定の形式で表現したものです。学習指導案の形式に特に決まった基準というものはありませんが，一般的には以下のような内容について示されています。

「主題名」「教材名」：年間指導計画に示された主題名にあわせて内容項目番号（例：C－(17)）を明示することもあります。活用する教材名を記述します。

「ねらい」：本時の学習を通して，生徒に考えさせたり，理解を深めさせたりしながら，人間としての生き方についての考えを深めさせようとするねらいを記述します。

　道徳科授業での思考の深まりを考える時，ねらいの具体化，明確化が重要となります。例えば「友情の大切さを理解し」といったどの授業でも通用するような漠然としたねらいではなく，「互いに励まし合い，高め合うといった友情の大切さを理解し」というように，特にこの時間で理解を深めさせたい内容を具体的に示すとよいでしょう。

「主題設定の理由」：①主題観（ねらいや指導内容についての教師の捉え），②生徒観（指導内容に関する生徒のこれまでの学習状況や実態），③教材観（教材の特質，活用意図，具体的な活用方法等），④指導観（指導の具体的な方法を含む方向性等）として示されることが多いようです。なお，本書では「教材のあらすじと活用ポイント」及び「『特別の教科　道徳』の授業づくりのポイント」において記述しています。

「学習指導過程」（本書では「本時の流れ」）：「導入・展開・終末」に区分されることが一般的です。その中でも，最も重要となるものが発問です。しっかりと自己が見つめられ，自分事として考えられるような発問や，多面的・多角的に考えることのできる発問を工夫したいものです。そのためには，「自分が自分に自分を問う」といった自己内対話に導く発問や，多様な感じ方・考え方・価値観等が交流できる発問を意識することが大切です。

「評価」：生徒に対する評価と授業に対する評価を意識して，その評価方法とともに記述します。

【板書のポイント】（学習指導案と板書内容は，小・中学校間で共有化されることも大切）

　生徒の学習を支え，思考を深めることのできる板書を工夫したいものです。問いが継続的に明示され，発言等のポイントが文字化され，比較検討されるべき内容が構造的に示されることによって，より深い思考が可能となるのです。また，本時の「振り返り」がより重要とされる道徳科の授業において，板書内容は「振り返り」の重要な手がかりとなるものです。　　（柴原）

2章

中学2年
35時間の
すべて

▶ 内容項目：A−（1）自主，自律，自由と責任

ネット将棋
誠実に自らの行動に責任をもって

掲載教科書：東書／学図／教出／光村／日文／学研／あかつき／日科

ねらい

誠実に行動し，自らの行動に責任をもとうとする態度を育てる。

教材のあらすじと活用ポイント

　誠実な態度でネット将棋を楽しみ実力を伸ばす敏和とは対照的に，「僕」はネット将棋を楽しめず不誠実に行動します。敏和の「負けました」「目には見えない相手とどう向き合うか」という言葉を聞き，自らの行動に責任をもつことを考えはじめる教材です。

　活用ポイントは，「笑えなかった『僕』は，どのようなことを考えていましたか」を問うた後「心から『負けました』と言える試合とはどのようなものでしょうか」を問うことです。

「特別の教科　道徳」の授業づくりのポイント

　将棋や囲碁は，自主性・自律性が不可欠なゲームです。それを無視し，一方的に試合を中断させてしまう「僕」の行為の不誠実さが道徳的な論点になります。

　試合（やゲーム）で「心から『負けました』と言う意味」がわからないと，誠実の大切さもわかりません。「勝つことを目標にするスポーツで，なぜ心から『負けました』と言わなくてはいけないの。くやしくて，泣いてはいけないの」と生徒は言います。授業づくりではここに焦点を当て，導入では「勝つことを目標にするスポーツで，なぜ心から『負けました』と言うのか」，展開では「心から『負けました』と言う意味」を議論します。

評価のポイント

　終末に，「級友に学んだこと，級友の発言で自分の考えが変化したこと」など，自分の成長を実感したことをみんなの前で語り合う場を設けます。協働でつくってきた対話空間の中で，人としての在り方や生き方に対して，一面的な捉えから多面的な視点へと成長したことを実感できる授業だったかを評価します。

本時の流れ

	○学習活動	●教師の手だて　◇評価　※留意点
導入	○勝つことを目標にするスポーツで，なぜ「心から『負けました』と言うこと」を大切にするのかを課題にする。	●部活などの体験を想起させ，なぜ「心から『負けました』と言うこと」が大切なのかという課題意識をもたせる。
	発問　今日使う教材に「勝つことを目標にするスポーツで，心から『負けました』と言うこと」が出てきます。なぜなのか実は私もわかりません。一緒に考え，議論し，教えてください。	
展開	○「言葉カード」などを使った説明を受ける。 ○笑えない「僕」に自我関与し，意見交流をする。	●教材を範読しつつ補足説明などをし，人物像・人間関係などをイメージしやすくする。
	発問　笑えなかった「僕」は，どのようなことを考えていましたか。	
	・相手が見えないからと，卑怯なことをしていた。 ・3人の会話についていけない。 ・「心から『負けました』と言える試合」って何だ？ ○「心から『負けました』と言える試合」とは何か考え議論する。	●率直な自我関与発言を出させる。 ●特に「3人の会話についていけない」「心から『負けました』と言える試合って何だ？」は，生徒たちの本音として大切に扱いたい。
	発問　「心から『負けました』と言える試合」とはどのようなものでしょうか。	
	ア＝結果を素直に受け止める気持ちがもてる。 イ＝相手を心から尊敬する気持ちがもてる。 ウ＝全力をつくした自分に達成感がもてる。 ○自他の理由・根拠について意見交流をする。	●まずは自分の考えた意味を率直に表現させ，次に対象化・比較化して，多面的・多角的に考える機会をつくる。
	発問　自分はこの中のどれですか。理由・根拠を自他に問いましょう。質問・意見も出しましょう。	
	ア＝負けた結果に学び，自分に責任をもちたいから。 イ＝相手を尊重し，相手から学びたいから。 ウ＝全力をつくした自分を大切にしたいから。 質問＝「結果に学び」は頭での理解。気持ち的には？ 意見＝頭と体験かな……負けて強くなると考える。	●3つの中から，自分の感覚でピタッとくる意見を選び，それを選んだ理由・根拠を協働作業で掘り下げ吟味していくことにより，教材の世界を通り抜けてお互いの価値観の話し合いになる。
終末	○振り返りシートを記入後，成長を実感したことの意見交流をする。	●振り返りシートに成長実感を記入させ，発言を促す。
	発問　級友の意見から"学んだ"ことや，自分の考えが"変化"したことはありましたか。	
	・「負けました」と言える後ろに明日がある。	●振り返りシートへの記入を促す。 ◇級友からの自分の学びを語り合えたか。

準備物

- 振り返りシート

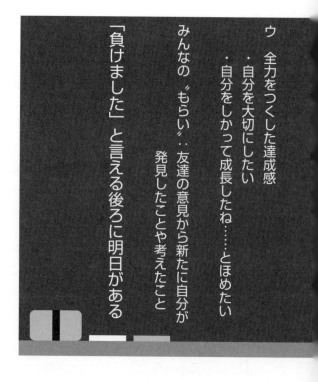

ウ
- 全力をつくした達成感
- 自分を大切にしたい
- 自分をしかって成長したね……とほめたい
- みんなの"もらい"…友達の意見から新たに自分が発見したことや考えたこと

「負けました」と言える後ろに明日がある

本時の実際

●導入

「今年も部活でみなさんがんばっていますね。『いつも感動をありがとう』という気持ちで応援しています。

勝つことを目標にするスポーツで、なぜ心から『負けました』と言うことを大切にするのかを、今日の課題にします。

今日の教材に、心から『負けました』と言うことの話が出てきますが、なぜでしょうか？ 実は、私もわかりません。一緒に考え、議論し、教えてくださいね。お願いします」と言います。まず、教師の「落ちこぼれ役」宣言です。

「……お願いします」を頭を下げながら言います。リアル感いっぱいです。生徒は、うなずきつつ、真剣そのものでした。

●展開

4人の人物像や人間関係などを補足説明しつつ範読します。明子と敏和の言葉は、ポイントとして提示します。

人の顔はシルエットにします。はじめに「3人の会話についていけない」や「心から『負けました』と言える試合って何だ？」という発言が出ました。その勢いに乗って「自信をもって言える人、いる？」と尋ねると誰も出てこなかったので、「じゃあ、みんなで議論して、教えてください。楽しみです」と言い、中心発問に入りました。

中心発問では、部活の体験などもあり、「結果を素直に受け止める気持ち」「相手を心から尊敬する気持ち」「全力をつくした自分に達成感」などが出てきました。落ちこぼれ教師が質問や意見を言うことが、級友の意見

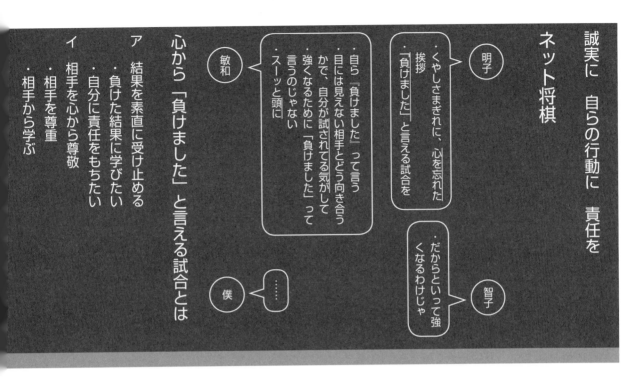

● 終末

成長を実感したことを述べ合う活動を終末に入れています。内容は中心発問からつながっています。単に耳ざわりのよい言葉は、成長の実感といえるでしょうか。それよりも、「俺、今日〇君の意見を聞いていて、自分が嫌になっちゃった。つくづく、いいかげんに考えていたんだなあってこと………。今すぐにどうしたらいいかは言えないけど……。でも、これから、ずっと考えていきたいなあって。〇君、ありがとう」という意見などは、質のよいものだと思います。

教師は、このすぐ後、「『自分も同じだ』と言われてみて気がついた人、いるかな」「たくさんいますね。私たちもすばらしい学びをいただきました。ありがとう」と発言者を励ましました。

の理解を助け、自分の意見の対象化にも役立ちます。(「俺ってアでもイでもなく、ウ的に発想している……」と自分を知ります)

その後、理由・根拠を話し合う段階に入ります。ここでの深まりがすごく、「誠実」論がとびかいました。「負けた結果に学び、自分に責任をもちたいから」という意見には、「なんか、頭での理解という感じで、試合前からそのつもりでいるって、嫌だ。負けた時は、くやし涙でいいんじゃないの。相手には、泣きながらでも礼儀をつくせば……」「甘かった小さい自分に涙かな」という具合に、批判というより、自分の誠実論こそ大切と思って言っていました。「相手を尊重し、相手から学びたいから」「力の小さい、けれど全力をつくした自分を大切にしたいから」という議論もありました。

(柴田)

▶ 内容項目：A－(1)自主，自律，自由と責任

カラカラカラ
責任ある行動

掲載教科書：東書／学図／教出／光村／日文／学研／あかつき／日科

ねらい

自主的に考え，判断することの大切さを理解し，自己の責任を果たそうとする態度を養う。

教材のあらすじと活用ポイント

　達也は，伸一と登の３人で郊外にある科学館に行くため電車に乗った。ところが達也が座ろうとした座席には，誰かが飲んだジュースの空き缶が置きっぱなしにされていた。空き缶を席の下に置くと，しばらくして，その空き缶が何かのはずみで転がりだし，本を読んでいる男の人の近くに転がっていった。その時，達也と一瞬目が合ったが，達也はすぐに視線をそらした。その男の人は，空き缶を軽くつぶして足元に置き，下車すると空き缶をごみ箱に捨て，何事もなかったかのように改札に向かった。達也は，男の人の背中をいつまでも目で追いかけていた。

　活用ポイントとしては，向かいの席の男の人が，転がってきた空き缶に対してあざやかに対応する姿を見ていた達也が学んだことを考えさせることでねらいに迫っていきたい。

「特別の教科　道徳」の授業づくりのポイント

　まず大切なことは「自主的に考え判断して誠実に実行することで自分だけでなく周りも気持ちよく生活できることを理解させて，その結果に責任をもとうとすることの大切さ」を生徒たちにつかませることです。そのためには自分事として考えさせることがポイントになります。そして，ひとりよがりな見方・考え方にとどまらないよう班討議をし，最終的に学級全体で共有し，それをもとに各自で振り返るようにするとよいと考えます。

評価のポイント

　授業中の生徒の発言や記入したワークシートなどから，「主体的に考え，誠実に実行し，その結果に責任をもつ」ことについて，「自己を見つめて考えていたか」「多面的・多角的に考えようとしていたか」などの視点で見取るようにすることがポイントとなると考えます。

本時の流れ

	○学習活動	●教師の手だて　◇評価　※留意点
導入	○電車などに乗った時，ジュースの空き缶が自分のところに転がってきたらどうするか考える。	●これまでの経験を想起させ，導入後半の学習課題につなげる。 ※あまり時間をかけないようリズミカルに発表させる。
	【学習課題】　物事を深く考えずに行動してしまいがちな今の自分に必要な見方や考え方は何か。	
展開	○教材の範読を聞く。	●読みの視点を与えてから教師が心を込めて範読する。
	発問　空き缶のことが気になりながらも，なかなか行動に移せない達也をどう思いますか。	
	○これまでの経験を想起する。 ○意見交流をする。	●自分にも達也と同じところがあることを捉えさせ共感させたい。
	発問　男の人と目が合った時，達也が視線をそらしたのはなぜでしょうか。	
	○意見交流をする。	●後ろめたい気持ちをしっかり押さえる。
	発問　男の人の背中をいつまでも目で追いかけていた時，達也はどんなことを考えていたでしょうか。	
	○意見交流をする。	●的確な対処をした男の人の誠実な行動に自分にはなかった大切なもの（【学んだこと】にあるようなもの）を感じていることを確認する。
	【学んだこと】　何が正しく，何が誤りであるかを自ら考え判断し，誠実に実行し，その結果に責任をもつことが大事である。	
	○今の自分はこう考えて生活しているか考える。 ○振り返りシートに記入する。	●学んだことを踏まえて，今の自分をじっくり振り返るようにさせる。 ●指導者の考えを挟まず，振り返りシートへの記入を促す。
終末	○教師の説話を聞く。	●ねらいに関わる教師の具体的な体験談をその時の心情にもふれながら語る。

準備物

・ICT 機器
・振り返りシート

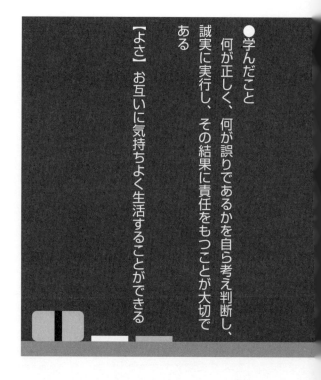

●学んだこと
何が正しく、何が誤りであるかを自ら考え判断し、誠実に実行し、その結果に責任をもつことが大切である
【よさ】お互いに気持ちよく生活することができる

本時の実際

● 導入

　導入は，ねらいとする道徳的価値について興味・関心をもたせ，本時の学習を自分の問題として意識させる段階といえます。この段階で大切なことは，生徒一人ひとりが，本時で学習することを自分の問題として意識しているかどうかです。

　そこで，日常の生活からの導入として，「電車などに乗った時，ジュースなどの空き缶が置いてあり，それが何かのはずみで転がって不快な思いをしたことはありませんか。また，その時あなたはどうしましたか」と発問したところ，「自分の方に転がってこないよう常に気にしながら座っていた。特に自分から進んで拾いに行ったりはしなかったが，なんとなく落ちつかなくて嫌だった」とほとんどの生徒は答えていました。

● 展開

　教材を読む前に，その教材の概要を説明し，本時で考えてほしい「読みの視点」を生徒に与えてから教師が範読しました。こうすることで展開後段の振り返りの時間をより多くとることが可能となります。この教材では，達也が電車の中に空き缶を置きっぱなしにしたわけではないけれど，席の下の空き缶が転がってしまい，達也はそのことが気になってしかたがありませんでしたが，何の対処もしませんでした。そこで，似たような経験がある生徒もいるので，心当たりがありそうな生徒に意図的指名をしたところ，生徒からは，「自分も同じようなことがあり，気になって気になってしかたなかったけれど，その時は，対処する人もいなくて，自分のところに転がってこないよう祈っていました」という意見

テーマ 責任ある行動

教材「カラカラカラ」

学習課題
「物事を深く考えずに行動してしまいがちな今の自分に必要な見方や考え方は何か」

空き缶が気になっている達也の場面絵	男の人と目が合った時，達也が視線をそらす場面絵	男の人の背中をいつまでも目で追いかけている達也の場面絵
・空き缶のことが気になりながらも，なかなか行動に移せない達也をどう思いますか ・気持ちはよい　・わかる	・男の人と目が合った時，達也が視線をそらしたのはなぜでしょうか ・なんとなく後ろめたい気持ち	・男の人の背中をいつまでも目で追いかけていた時，達也はどんなことを考えていたでしょうか ・ある意味尊敬のまなざしで見ていた ・今度から自分もそうしよう

が出ました。次に，自分の行動が周りから見られているのではないかということが教材にありますが，このような経験をもつ生徒も多いと思われます。そこで，こうならないためには，どうしたらよいのかを考えさせるために「男の人と目が合った時，達也が視線をそらしたのはなぜでしょうか」と生徒に発問したところ，「自分が捨てなかったので転がってしまい，なんとなく後ろめたい気持ちが多くはたらいたからではないか」との意見が出されました。

さらに，この転がった空き缶は男の人のところにたどりつきましたが，その人の対処がとても的確でした。それを目の当たりにした達也は，どうすればよかったのかを学びました。そこでこの箇所を中心発問としてねらいに迫ることとしました。

終末

終末は，学習した価値を強調し，実践意欲を高揚・継続させることをねらいとしている段階です。

そこで授業の終末に，この教材と同じように電車の中を転がる空き缶を不快に感じた教師の実体験をもとにした話をしました。生徒たちは真剣に，こちらの目を見てうなずきながら聞いていました。基本的に終末の扱いは，自分もそういう見方・考え方でやってみようという実践意欲を高めて余韻をもって終了するのがよいとされています。そこで，体験談を話した後は，「あなたならこれからどうしていきますか」などという決意表明はさせない方が効果は大きいと思います。これを毎回やると生徒は道徳授業が嫌いになってしまうので注意が必要です。

（根岸）

▶ 内容項目：A−（２）節度，節制

ぱなしの女王
生活習慣について考えよう

掲載教科書：東書，学図，教出，光村，日文，学研，あかつき，日科

ねらい

よりよい生活習慣について問題解決的に考えることを通して，節度を守り，節制に心がけた生活を送ろうとする道徳的実践意欲を高める。

教材のあらすじと活用ポイント

　本教材「ぱなしの女王」は，だらしのない女の子の代名詞として「ぱなしの女王」というニックネームをつけられた陽子が，やりっぱなしにしてしまう失敗を繰り返しながら，自身の生活について考えるという教材です。

　汚名を返上しようとするも，うまくいかない陽子の姿から，そのような行動をとってしまう心情について考えます。それを踏まえ，直すにはどうすればよいかを問題解決的に考えることができます。

「特別の教科　道徳」の授業づくりのポイント

　本教材には，陽子のだらしない生活の様子が描かれています。ただ，そのような姿は，どのような生徒でも大なり小なり見られるものです。それを直そうと試みるもうまくいかない陽子の姿は，生徒たちが共感できる部分があるのではないでしょうか。

　導入で，入学当時と現在について，自分の家庭での生活を比べることで，本時の活動を自分事として捉えられるようにします。教材を読み，だらしない生活から抜け出せずにいる陽子の心情について理解を深めた後，その生活を直すにはどうすればよいかを，問題解決的に考えます。それによって，よりよい生活習慣について自我関与しながら考えることができます。

評価のポイント

　記入した振り返りシートをもとに，目先の自分がやりたいことを優先するような一面的な捉えから，問題解決的な学習を経て，多面的に捉えようとしている様子などが見られる授業となっていたかを評価します。その後，内容を学級全体で共有していくことが望ましいと考えます。

本時の流れ

	○学習活動	●教師の手だて　◇評価　※留意点
導入	○中学校入学当時を振り返る。	●中学校入学当時と比べて、家庭で時間を守ったり、やることをやってからやりたいことをやったりしているかを振り返らせる。 ※全員が答えやすいように、「している」「していない」で挙手させる。 ●家庭でだらしない生活をしている陽子を扱う本時の教材への興味を高める。
	発問　中学校入学当時より、家庭できちんと生活していますか。	
展開	発問　なぜ陽子は、「ぱなし」を簡単に直せるものではないと思っているのでしょう。	
	○教材を読んで陽子の心情について考える。 ○意見交流をする。	●「ぱなし」を簡単に直せないと思っている陽子の心情を考えることで、きちんと直そうという気がなく、半ば開き直っている心情についての理解を深める。
	発問　「ぱなしの女王」を直すには、どうすればよいでしょう。	
	○陽子の立場になって、問題解決的に考える。 ○意見交流をする。	●自分が陽子の立場ならばどのような行動をとるとよいのか、またどのように考えて生活するとよいのかについて、問題解決的に考えさせる。
	発問　中学２年生として、どのような生活習慣を身につけることが大切なのでしょう。	
	○中学２年生の生活について考える。	●中学１年生から進級し、１学年分上級生となったことで、どのような生活習慣を身につけることが大切なのかを考えさせる。
終末	○振り返りシートに記入する。	◇これまでの話し合いで考えてきたことを踏まえて、自分なら今後どのような生活をしていきたいかという自分なりの納得解を書けたか。

準備物

・振り返りシート

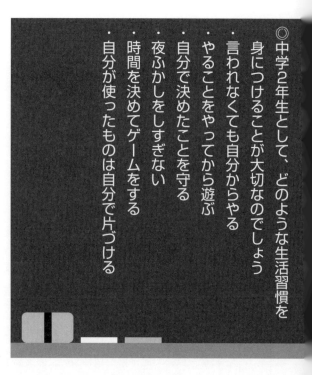

◎中学2年生として、どのような生活習慣を身につけることが大切なのでしょう
・言われなくても自分からやる
・やることをやってから遊ぶ
・自分で決めたことを守る
・夜ふかしをしすぎない
・時間を決めてゲームをする
・自分が使ったものは自分で片づける

本時の実際

💡 導入

　授業のはじめに，現在の生活の状況を振り返らせるため，中学2年生となった今と1年前を比べ，「中学校入学当時より，家庭できちんと生活しているか」ということを生徒たちに問いかけます。

　小学校から上がったばかりの頃と比べると，できるようになったことも多くある反面，中学校生活に慣れたことや，日々の忙しさや気のゆるみから，だらしなくなっている面もあるはずです。

　それを振り返っておけば，だらしない主人公が出てくる教材を提示した時に，自分事として教材の内容に臨むことができるようになります。

💡 展開

　教材を読み，「なぜ陽子は，『ぱなし』を簡単に直せるものではないと思っているのか」について考えます。教材だけでは，陽子への心情理解がうわべだけのものになりがちなので，導入で，きちんと現在の生活を振り返っておき，それをこの発問へとつなげていきたいですね。

　生徒たちは陽子の心情について考える際，自分の生活についても振り返りながら，「もうすでに身についてしまっているから」「本気で直そうとしていないから」「すぐに気を抜いてしまうから」などのような意見を出すと思われます。

　それを踏まえて，「『ぱなしの女王』を直すには，どうすればよいでしょう」と問題解決的に問いかけます。陽子の弱さについて，自

生活習慣について考えよう

ぱなしの女王

◎なぜ陽子は、「ぱなし」を簡単に直せるものではないと思っているのでしょう
・すでに身についてしまっている
・本気で直そうとしていない
・すぐに気を抜いてしまう

◎「ぱなしの女王」を直すには、どうすればよいでしょう
・真剣にやる
・紙に書いて見えるところに貼る
・やることを全部やってから次のことをやる
・周りの人の気持ちを考える
・注意してもらう
・やらないとどうなるかを想像する

分の生活を振り返りながら考えた生徒は，「自分の生活における，やりっぱなしの面をどうするか」ということを意識しながら，自分事として陽子の問題について考えるでしょう。

そして，導入で問うた中学校入学当時の生活の振り返りとつなげながら，「中学2年生として，どのような生活習慣を身につけることが大切なのでしょう」と問いかけます。

導入からずっと，自分とつなげながら考えてきた生徒からは，自分の生活の問題点を踏まえ，よりよい生活の在り方について考えた意見が多く出てくることでしょう。

●終末

授業の終末に，振り返りシートに記入をさせます。

ただ感想を書かせるのではなく，「これまでに，自分が経験したことや考えてきたこと」と比較させながら，本時の学びを振り返らせたいですね。

生徒からは，「これまで自分は，陽子のようにゲームやスマホをやりっぱなしにしてしまうことがあったが，今日考えたことを生かして，よい生活ができるようにしたい」といった振り返りが出ると思われます。

(中野)

▶内容項目：A−(2)節度，節制

避難所にて
節度，節制の大切さ

掲載教科書：東書／学図／教出／光村／**日文**／学研／あかつき／日科

ねらい
節度ある生活や節制に心がけるために，周りの人の生活を見つめることで自分の生活を見直し，思慮深く内省しようとする道徳的態度を育てる。

教材のあらすじと活用ポイント

　阪神・淡路大震災の際，避難所の人々の生活にふれながら，避難者のために何もできないでいた「私」が，弟のボランティア活動を見たことをきっかけに「よろずボランティア相談所」で健康を呼びかける貼り紙をつくるという内容です。応援に駆けつけたボランティアと自堕落な日々を過ごす「私」を比べ，節度ある生活が大切なことに気づかせることができます。

「特別の教科　道徳」の授業づくりのポイント

　地震や風水害など自分の日常生活を大きく変えてしまう出来事に見舞われることがあります。生徒の実態としては，積極的にボランティア活動をしたいと考える反面，実践できなかったり，規制やルールを嫌ったりする傾向が見られます。
　本教材では，まず行動してみようと意欲的になる中学生の姿を通して，自分も機会があれば実行できるという道徳的実践意欲や態度を育むことができます。そして節度を守り，節制を心がけることが自分自身の生活を豊かにすることにも気づかせることが可能です。

評価のポイント

　ねらいの達成の評価では，困難な状況を乗り越え生活するために力を合わせることに気づき，自分もそうした生き方を大切にしていこうとする意欲的な発言や記述の評価が大切です。また，指導方法の評価では，写真や映像などの資料提示から，当時は幼くて知らなかった人々の思いやボランティア活動に共感させることができたか，また話し合いを通して中学生の記憶にも残る東日本大震災などにも考えが及び，学級で多面的な考えを共有し，自分事として何ができるかと多角的に考え，実践意欲に結びつけられたかを評価していくことがポイントになります。

本時の流れ

	○学習活動	●教師の手だて　◇評価　※留意点
導入	○阪神・淡路大震災などの避難所の写真を見る。（東日本大震災や最近の大災害の写真なども有効）	●多くの人が何もないところで一緒に生活しなければならないことのつらさや、個人の生活が成り立ちにくいことを理解させる。
	発問　この写真は、何の写真だと思いますか。	
展開	○「避難所にて」を読み、考える。 ○ペアで意見交流をする。	※水など必要なものを準備するボランティア活動は困難さをともなうことを確認しておく。
	発問　「よろずボランティア相談所」に居づらくなり、「私」たちがその場を離れたのはなぜでしょう。	
	○各自で考える。 ○自分の考えをもとに、グループで意見交流をする。	●大勢のボランティアががれきを片づけている姿と「私」たちの生活を対比させながら考えさせる。
	発問　弟がポリタンクを運んでいる姿に、「私」が心を揺さぶられたのはなぜでしょう。	
	○補助発問「ボランティア活動の時にお年寄りに声をかけられてどのように気持ちになったかを考えてみましょう」などで、行動について深く考える。	●この弟の行動が「私」たちの行動の分岐点であることを確認させる。
	発問　「私」たちが避難所のみなさんへの貼り紙で伝えたかったのはどんなことでしょう。	
	○教材の内容を各自再確認する。	●「私」たちが貼り紙を作成した理由をよく考えさせる。
終末	発問　節度ある生活や節制と調和のある生活を送るために、大切なことをまとめましょう。	
	○振り返りシートに記入する。 ○歌「しあわせ運べるように」を聴きながら、感想をまとめる。	※「私」たちが作成した注意書きを1つ1つ意識させることで子どもたちの思いを深めさせたい。 ※「しあわせ運べるように」の歌詞を自分たちの生活に重ねて考えさせるために、拡大コピーを提示して、考えを深めていく。

準備物

- 阪神・淡路大震災や東日本大地震等の震災の写真や映像
  特に，避難所の様子がわかるものなど
- 歌「しあわせ運べるように」の音源（CDなど）
- 道徳ノート
- 振り返りシート

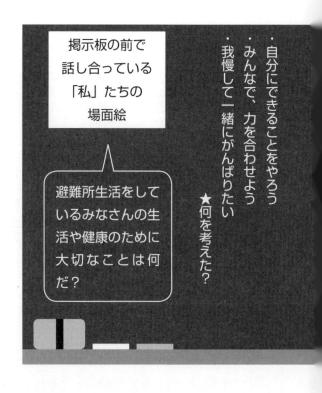

掲示板の前で話し合っている「私」たちの場面絵

避難所生活をしているみなさんの生活や健康のために大切なことは何だ？

・自分にできることをやろう
・みんなで，力を合わせよう
・我慢して一緒にがんばりたい

★何を考えた？

本時の実際

●導入

現在の中学2年生は，東日本大震災時はまだ小学校入学前です。阪神・淡路大震災については過去の歴史として学ぶ世代です。

そのため，東日本大震災の写真などで実際の中学生などのボランティア活動を紹介する丁寧な導入の工夫が必要です。

地震への日頃の心がまえなどについて，どのような経験があるか，どのような意識を抱いているか，生徒同士で考えを共有しながら，本授業で求められる道徳的価値を考えていく導入にすることが大切です。

そして，ねらいである節度ある生活や節制に心がけるために，自分の生活を見直し，思慮深く内省しようとする態度を意識させていくことが求められます。

●展開

本教材では，実際の災害などでは，ある程度の覚悟や決意がないとボランティア活動をすることは難しいということを知ることができます。「私」たちが具体的に何をきっかけに何を実行しようとしたのか，自分の問題として考えさせ，ペアやグループで話し合いをすることが大切です。

「私」たちがよろずボランティア相談所から離れたことから，ある生徒は「実際の大震災では，どのようなボランティアができたのか」と担任に聞き返した場面もありました。また本教材のような経験が少ないことから，弟の姿に心を揺さぶられた理由を考えながら，行為のきっかけについて話し合う姿がありました。

具体的には，弟がポリタンクを運んでいる

共に生きていくために「避難所にて」

- 東日本大震災で活躍した中学生ボランティアの写真
- 東日本大震災で活躍した中学生ボランティアの写真
- いろいろなボランティア活動
- 自己責任・他人のために
- どうしてそこまでできるのか
- 恥ずかしい
- 炊き出しを食べる資格あるのかな

悩んでいる場面絵
- 揺れ動く気持ち……
- どうしよう
- このままではいけない
- 自分も何かしなければ！

↓

弟はポリタンクを運んでいる！

↓

弟の働く姿を見つけた場面絵

伝えたいことは何？

姿に、「中学生ならば積極的な行動がしたい」「避難所の運営を手伝う気持ちをもちたい」と前向きな意見が多数ありました。

実際の経験や大震災への意識があまりない世代ですが、阪神・淡路大震災は日本人が経験したことのない未曾有の大災害であったことを丁寧に紹介や説明をしていくことで、次第に自分の問題だと深く認識していくことがわかりました。

避難所の貼り紙について考え話し合った結果、「節度ある生活や節制と調和のある生活を促す大切さはわかるが、避難所の一人ひとりに声かけをしたい」「もっと積極的に人々とふれあっていきたい」という発言があり、ねらいとする価値から自分の生き方を考える態度が見えました。

● 終末

積極的にボランティア活動をする意志の大切さを自覚するとともに、災害にあった時には、節度ある生活や節制と調和のある生活を送ることが大切であると自分なりに納得し、理解し、実践力に結びつけることが求められます。

終末で聴いた歌「しあわせ運べるように」は、1995年の阪神・淡路大震災後に神戸の復興を願い、当時神戸の小学校の音楽教師だった方が作詞・作曲された楽曲です。歌詞は、希望や絆の大切さがわかりやすく心に響くものです。

災害時の実践への決意、健康に生きぬく節度、節制の生き方などについて、余韻を感じながら、口ずさむ生徒もいました。

(鈴木)

▶ 内容項目：A-(3)向上心，個性の伸長

五万回斬られた男・福本清三
斬られ役に徹する

掲載教科書：東書　学図　教出　光村　日文　学研　あかつき　日科

ねらい
無名の脇役に生涯をかけて徹する生き方にも喜びや感動があることを理解し，自分の個性を黙々と磨き生かすことで満ちたりた人生を実現しようとする道徳的判断力を育む。

教材のあらすじと活用ポイント

　体が頑丈そうだということで，名前を呼ばれることもない「エキストラ」として10年以上修業した福本清三さんは，次に「スタントマン」としての危険な仕事を痛みに耐えながら平然と演じ，撮影現場の信頼を得ていきます。やがて，技術と工夫を凝らした「斬られ役」としての生きがいを見出し，人々の記録と記憶に残る一流の役者となります。

　本教材では，出演時間の長短やセリフの有無等にかかわらず，与えられた役を懸命に演じ続けることで自己を磨き輝かせてきた人生が，時系列で丁寧に描かれています。活用に際しては，キラリと光る福本さんのすばらしさを，こうした自己向上の道筋に見出すとともに，それらが積み重なり，人生における喜びや感動に結びつくことを理解させたいものです。

「特別の教科　道徳」の授業づくりのポイント

　最終的には，人生を豊かにする自己向上に必要な要素や条件を考えさせようと思います。翻って，福本さんが大切にしていること，すなわち，福本さんの生きがいについての理解を前提としながら，その俳優人生におけるすばらしさを探り，なぜそれが人生に輝きや充足・納得を与えることに通じるのかを考え，議論させておくことが重要です。

評価のポイント

　ワークシートの「今日の新しい発見」欄の記述内容をもとにして，主役ではない「斬られ役」に徹した福本さんが，決して腐ることなく，むしろ喜びや生きがいをそこに見出すことができた理由を多面的・多角的に捉えようとしている姿勢を評価します。

本時の流れ

	○学習活動	●教師の手だて ◇評価 ※留意点
導入	○映画『ラストサムライ』での死に様など，いくつかの場面を通して，福本清三さんを知る。（理解する）	●謙虚さが表れた福本さんの言葉を１つ紹介して，その人となりを感じ取らせる。
展開	○教材の範読を聞く。 発問　「代表作は存在しない」「ハリウッド映画もテレビドラマも関係ない」「出演時間の長短やセリフの有無も関係ない」という福本さんにとって大事なことは何でしょうか。 ・生きがい→映画の役に立てる喜び。 ・自分の演じ方で，主役が立つという嬉しさ。 発問　○○（例：生きがい）は，人生にとってどのような意義をもつのでしょうか。 ・充実させる，楽しくさせる，生きる目的をもつ。 ・新しい取り組みや工夫への積極的な姿勢が生まれる。 発問　無名の脇役に，○○（例：生きがい）を感じることができるのはなぜでしょうか。 ・力を発揮しつくしたという満足感が得られる。 ・自分の工夫と努力に納得し，演技に誇りがある。 発問　福本さんが超一流の「斬られ役」となるまでの過程で，すばらしかった点は何ですか。 ・10年以上もエキストラに黙々と取り組んだ。 ・命がけのスタントを積極的にこなし信頼を得た。 ・殺陣の技術だけでなく工夫した演技を編み出した。 ・控えめで謙虚な態度で，斬られ続けた点。 ○自分に重ねながら，今後を展望する。 発問　自分の持ち味を生かしていくには，何が必要でしょうか。 ・自分の個性を知り，長い時間をかけて育むこと。 ・場面によっては，勇気と決断力が必要であること。 ・過信とは異なる自信をもち，表現していくこと。 ・些細なことにももてる力のすべてを注ぎこむ誠実さを忘れずに，周囲の信頼を得て，運をつかむこと。	●視聴者が映画やドラマを心から楽しめることを大事にしている点にも気づかせる。 ※本発問の下線部の語は，１つ目の発問に対する生徒の反応を受けて，適宜変わる。 ◇多様な理由を自己内対話やペアワークから考え議論させ，ワークシートに記述させ，それを評価する。 ●自分の特長や性格を生かしながら，努力を積み重ねて，長い時間をかけて少しずつ自己向上の階段をのぼっていったことを，時系列で板書として示したい。 ※自分の持ち味をはっきり自覚している生徒には，それを踏まえて考えさせる。 ◇複数の要素をワークシートに記述するように促し，その内容をもとに評価する。
終末	○向上心に関する格言がいくつか示されるスライドを見て，印象に残ったものをワークシートに書く。	●記録と記憶に残る福本さんの生き方について，板書を左から右にたどって振り返る。

準備物

- 福本清三氏の関連資料
- 『どこかで誰かが見ていてくれる　日本一の斬られ役　福本清三』集英社文庫
- 『おちおち死んでられまへん　斬られ役ハリウッドへ行く』集英社文庫
- ワークシート

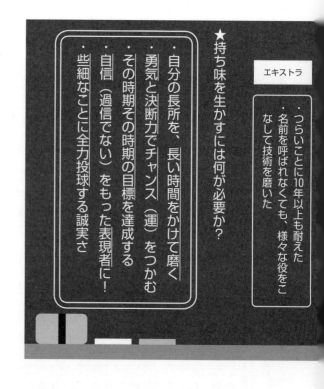

エキストラ
- つらいことに10年以上も耐えた
- 名前を呼ばれなくても、様々な役をこなして技術を磨いた

★持ち味を生かすには何が必要か?
- 自分の長所を、長い時間をかけて磨く
- 勇気と決断力でチャンス（運）をつかむ
- その時期その時期の目標を達成する
- 自信（過信でない）をもった表現者に!
- 些細なことに全力投球する誠実さ

本時の実際

💭 導入

　教科書に掲載された福本さんの写真を拡大したり、ハリウッド映画『ラストサムライ』の寡黙な侍役の膝から崩れ落ちるような死に様を伝えたりするなどして、斬られ役としての姿を伝えるとともに、「痛くない倒れ方をするのは簡単ですが、それでは見る人に感動を与えられません」という言葉を紹介しました。

　また、映画『太秦ライムライト』での最優秀作品賞の受賞に関して、「苦労をかけたスタッフ全員の熱意と努力の賜物です」と述べたことも伝え、福本さんの人となりが感じられるような導入を目指しました。

💭 展開

　まず、「出演時間の長短やセリフの有無も関係ない」などの言葉から、福本さんにとって大事なことは何なのかを考えました。「自分の斬られ方次第で大いに主役が立ち、視聴者が感動し楽しめる」という福本さんの生きがいに関わる発言が多数認められました。

　次に、本授業では、生徒の発言に見られた「生きがい」という言葉を取り上げ、人生における生きがいの意義を追求しました。多種多様な考えが出されましたが、総じて、人生に充実や楽しみ・喜びを与えるものであり、生きる目的・目標を新たに設けて積極的に取り組んでいくことに通じることを指摘するものでした。

　続いて、福本さんが無名の脇役に腐るわけでもなく、むしろ、そこに情熱を傾け、生き

五万回斬られた男・福本清三

生きがいの意義
- 人生を喜びのある、価値のあるものにできる
- 生きるうえでの夢や希望、目標に積極的に
- → 挑戦心（工夫と努力と汗と涙）
- 自分の存在意義を感じることができる
- 自分がこの世に生きる意味を理解できる

脇役に生きがいを感じる理由
- 力を発揮しつくしたという満足感がある
- 自分の工夫と努力と汗と涙に納得している
- 誇りをもって演技に集中できる
- → より質の高い斬られ役になっていく
- 迫真の演技を示すという脇役なりの意気地
- 自分に与えられた範囲で精いっぱい生きている

福本さんにとって大事なこと
- 映画の役に立てる喜び → 観て楽しい映画
- 苦労した演技で、監督や役者の信頼を得る
- 自分の演じ方で、主役が立つ
- → 楽しさでもあり難しさでもある
- やりがいや生きがいを感じること

斬られ役
- 演じ方を工夫し編み出した
- → 研究＋体力＋柔軟性
- 役者としての自覚をもった

スタントマン
- 過酷な役をやせ我慢で耐えた
- 積極的な姿勢で信頼を獲得
- 映画の役に立つ喜びを支えに

がいを見出せている理由を尋ねました。「脇役がいなければ物語は成立せず、また、ほんのわずかな場面であっても、誇りをもって工夫と努力を注ぎこみ、結果として納得や満足や達成感を味わうことができている」という「人生の真実」にたどりつくことのできた場面でした。

さらに、福本さんが超一流の斬られ役となるまでの過程におけるすばらしさを確かめていきます。大部屋俳優500人中の1人にすぎないエキストラとしての、過酷なスタントマンとしての、そして、斬られ役としてのすばらしさを時系列で板書していくのです。

最後は、福本さんが自分の持ち味を生かせるよう自己を磨き続けたことを踏まえ、自分の持ち味を生かすために必要な要素や条件について考え、明日の自己像を展望しました。

● 終末

板書した内容の中からキーワードを拾い上げ、黒板の左から右へ矢印をたどりながら、斬られ役としての生き方を振り返るとともに、福本さんの著書を紹介しながら、「福本さんは、様々な国の映画のアクションシーンを観て、痛みの伝わる迫真の倒れ方を研究していました。そして、肝心なのは、誰も見ていないところで、日々、努力を積み重ねていくことだと述べています」と伝えました。

結びに、向上心に関する古今東西の格言をいくつか提示し、心に残ったものをワークシートにメモさせて終えました。

（荊木）

▶ 内容項目：A−(4)希望と勇気，克己と強い意志

掲載教科書：東書　学図　教出　光村　日文　学研　あかつき　日科

木箱の中の鉛筆たち
才能をつくるねばり強い姿勢

ねらい

何百本もの鉛筆が短くなるまで努力しようとする姿を通して，その努力を継続するために必要な諸要素を理解し，くじけそうな場面でも努力し続けて自分を開花させようとする道徳的心情を育てる。

教材のあらすじと活用ポイント

作家としての才能に疑問を抱いた神津カンナさんは，ある日，作曲家の父から何百本もの短い鉛筆を見せてもらい，言葉を失います。今でも壁にぶつかった時には，あの鉛筆たちと「才能を作りなさい」という父の言葉が頭によみがえり，勇気づけられています。

本教材は，鉛筆ですらすらと音符を書いていく父をうらやましく思う場面と，並々ならぬ苦労を重ねたという真実を目の当たりにして恥ずかしく思う場面とが対照的で，強く印象に残ります。活用に際しては，恥ずかしさの中身を理解するとともに，「短い鉛筆」と「父からの一言」が作家としての才能をかたちづくっていく礎となり得た理由を深く探求したいものです。

「特別の教科　道徳」の授業づくりのポイント

まず，真に努力する前からあきらめて絶望している場面から，何が恥ずかしいのかについて考えさせます。次に，才能を培うために必要なことを，本教材や自己の経験をもとにして議論します。さらに，短い鉛筆と父の言葉から自分自身を勇気づけることが，才能を見出し養うこと，ひいては希望を抱いて自己実現していく扉を開くことに通じることを理解できるようにします。

評価のポイント

神津カンナさんの経験を自分に置き換え，これまでの自他の直接・間接の多様な経験も振り返りながら，才能を培うのに必要な要素について考えようとしている姿や，才能を発揮するための努力が人生に希望の火をともすことの理解に努めている姿が見られた授業であったかを評価します。

本時の流れ

	○学習活動	●教師の手だて　◇評価　※留意点
導入	○神津カンナさんとその父・善行さんを知る。	●日曜洋画劇場のオープニングテーマ曲だった「万華鏡」を流しながら、神津カンナさんの顔写真を提示する。
展開	○教材の範読を聞く。 発問　父がすらすらと作曲している姿を見て、カンナさんは何を考えたのでしょうか。 ・うらやましい。すばらしい才能だ。自分には無理だ。 発問　カンナさんは、自分のどのような点を恥ずかしく思ったのでしょうか。 ・父の努力に比べると自分は何もしていない点。 ・行動する前から絶望していた点。 ・父の強い意志を知らず、天賦の才と判断した点。 発問　「こうやって才能を作りなさい」とありますが、どうやってつくればよいのでしょうか。 ・父の短くなった鉛筆の数を目標とする。 ・ねばり強く努力を続ける。 発問　なぜ、鉛筆や父の言葉で勇気を得られるのでしょうか。（なぜ、私には無理だとは考えないのでしょうか） ・よい文章はできずとも、書き続けることはできる。 ・ここであきらめると、本当に恥ずかしい人間になる。 ・実際の体験に基づく父の言葉は重い。 発問　才能をつくるための努力をし続ける難しさは、どのような点にあるのでしょうか。 ・才能の伸びが目に見えず、不安に駆られる。 ・いつ才能が開花するのかわからず自信が揺らぐ。 ・長期間努力し続ける苦しさに耐えられない。 発問　あなたがその難しさを克服するために大切にしておきたいことは何ですか。 ・甘えに打ち克ち、夢や希望を目指す決意。 ・鉛筆１本といった、小刻みな目標を達成する。 ・自分のよさを生かし、ライバルと楽しむこと。	 ※「何百本もの短い鉛筆たち」と父の言葉「こうやって才能を作りなさい」を板書する。 ●使い方によるが、１本の鉛筆が短くなるまでに、約２～３km書けることを知らせる。 ●自分の考えを整理したうえでペアワークを行い、自分の意見と、ペアの相手から得た異なる観点の意見を区別して発表させる。 ※人間は誰しも弱さをもっているということを前提に考えさせる。 ◇100字程度を書くことのできるワークシートを配付し、自分の性格や日常生活を考慮に入れながら記述させる。
終末	○指導者が高校受験の時に使いきった20数本のボールペンを見て、その思い出話を聞く。	

準備物

- 神津善行さん作曲の「万華鏡」のBGM
- 神津カンナさんの顔写真
- ワークシート

★才能をつくることに関して

克服するための条件
- 甘えに打ち克つ（克己）
- 夢や希望を見失わない
- 鉛筆1本から！（小刻みな目標）
- 自分のよさを磨いて生かす
- ライバルとの切磋琢磨を楽しむ

その難しさ
- 才能の伸びが見えず不安に
- 才能の開花がわからない
  →自信が揺らぐ
- 時間がむだになることへの恐れ
- 苦しさに長期間耐えられない

本時の実際

●導入

　昔の日曜洋画劇場のオープニングテーマ曲「万華鏡」をBGMとして流しながら、これを作曲した神津善行さんを父にもつカンナさんの顔写真を提示しました。

　そして、「今日の授業では、この神津カンナさんが、父から見せてもらった木箱の中の鉛筆たちを見て考えたことについて、議論していきます」と簡潔に伝えるだけにして、2分程度で導入を終えました。

　次の展開段階では、発問が比較的多く設定されているため、導入にさく時間を最小限にとどめることにしたのです。

●展開

　まず、すらすらと作曲する父を、カンナさんが、憧れやうらやましさといった、自分には手の届かない存在として捉えていることを示す意見が出ました。

　次に、それと対比するかたちで、自分を恥ずかしく思った理由を尋ね、父に比べるとまったく何も努力せずにあきらめている事実を確かめていきました。

　そして、父の「こうやって才能を作りなさい」という短い言葉に秘められた並々ならぬ思い・決意・信念の中身を、具体的に考えることにしました。生徒からは「ねばり強い努力」や「あきらめない心」「苦労やつらさを重ねていくこと」などの意見が発表されました。なお、参考のため、1本の鉛筆は、芯をまったくむだにすることなく使用すれば50

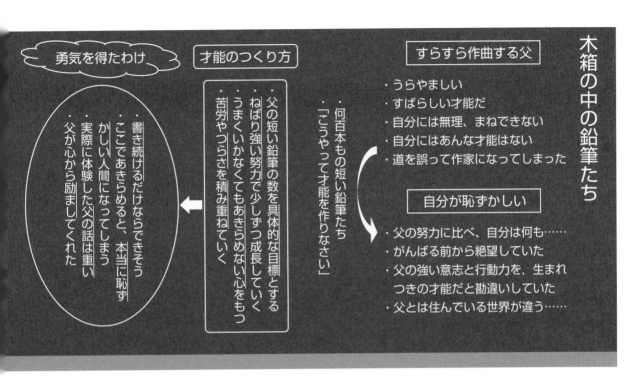

kmほど書けることから、実際には、1本で約2〜3km書けるという情報を与えました。

続いて、鉛筆と父の言葉から勇気を得たわけを個別に考え、ペアで議論しました。同じ場面で、「自分にはまねできない」と観念する人もいるでしょうが、カンナさんは逆に、勇気づけられます。つまり、自分もしようと思ったわけです。その点に関し、「自分にできることは何だと思ったのか」を議論したのです。

さらに、才能をつくる努力を続ける意義を問うこと以上に、本時では、その「実現の難しさ」と「人間のもつ弱さを克服する条件」について、現在の自分と将来のビジョンを踏まえて考えました。生徒一人ひとりの日々の生活事実や心の実態が如実に表れた、個性豊かな意見が出ることとなりました。

● 終末

私自身が高校入試に挑んだ中学3年生の1年間に、どのような受験勉強を行ったのかを話し、その1年間で使いきった20数本のボールペンを生徒にふれさせました。

人から見ると何の価値もない古びたボールペンが、未だに捨てられず、私自身の宝物として大切に持っていることを語って聞かせたのです。

生徒は、水を打ったような教室の静謐の中で、真剣なまなざしとともに耳を澄まして聴いており、その余韻を味わいながら授業を終えました。

（荊木）

▶内容項目：A−(4)希望と勇気，克己と強い意志

掲載教科書：東書／学図／教出／光村／日文／学研／あかつき／日科

雪に耐えて梅花麗し
―黒田博樹

挫折や困難を乗り越えていく生き方を考えよう

ねらい
黒田投手の野球人生から人生には幾多の挫折や困難があることを知り，それを乗り越えることのすばらしさや大切さを感じることを通して，希望と勇気をもって挫折や困難を乗り越えていこうとする道徳的実践意欲を高める。

教材のあらすじと活用ポイント

　日米のプロ野球で活躍した黒田博樹投手は，華々しい実績を残していますが，多くの挫折を経験しています。背番号がもらえなかった高校時代。大学時代もプロに入ってからもなかなか結果を残せませんでした。しかし，あきらめず努力を重ね一流の投手になったのです。

　本教材のタイトル「雪に耐えて梅花麗し」は黒田投手の座右の銘です。この言葉が挫折や困難に直面した時に彼の人生を支えました。そして，この言葉を大切にしてきました。黒田投手はどうしてこの言葉を大切にしてきたのかを考えていくことが本教材のポイントです。

「特別の教科　道徳」の授業づくりのポイント

　本教材には黒田投手の野球人生の様子が描かれています。黒田投手は輝かしい実績を残していますが，その野球人生は常に順風満帆ではなく挫折や苦悩がありました。多くの実績を残し，その野球人生において成功をおさめた黒田投手でも，栄光の陰には挫折がありました。まずは，その苦悩を共感的に捉えていくことが大切です。次に，黒田投手が挫折や困難に出会った時に，どのようにそれを乗り越えていったのか，その考え方や生き方を探っていきます。そして，黒田投手の考え方や生き方をこれまでの自分自身のそれと対比し，自己内対話をする中で，挫折や困難を乗り越え，希望をもって前進しようとする強い意志を育んでいくことが重要です。

評価のポイント

　ワークシートに書かれた記述文からねらいが達成できたかを確認します。具体的には，ねらいとしている道徳的価値を捉えているか，そして，ねらいとした道徳的価値を他人事ではなく，自分のこととして捉え実践していこうとしているかなどについて見取っていきます。

本時の流れ

	○学習活動	●教師の手だて　◇評価　※留意点
導入	○漢詩の一節「耐雪梅花麗」及び書き下し文「雪に耐えて梅花麗し」について考える。	●「耐雪梅花麗」及び書き下し文「雪に耐えて梅花麗し」を準備しておき，黒板に貼る。 ◇授業への興味・関心がもてたか。
	発問　この漢詩は何と読み，どんな意味があるのでしょうか。	
展開	○教材の範読に合わせ黙読する。	●教材の範読をする。
	発問　高校で控え投手だった黒田投手が，どうしてプロ野球選手として活躍できるようになったのでしょうか。	
	○グループでの話し合いにより意見交換を行う。	●個々の考えがもて，発言しやすいように小集団活動を取り入れる。
	発問　どうして，黒田投手は「耐雪梅花麗」を座右の銘にしているのでしょうか。	
	○自分の考えをワークシートにまとめる。 ○役割演技をして意見交換を行う。	●ワークシートへの記入を促す。 ●2人1組になり，1人がインタビュアー，1人が黒田投手になり，インタビュー形式で発問をする役割演技を取り入れる。
終末	発問　黒田投手の野球人生から何を感じ，どのようなことを学びましたか。	
	○感じたこと，学んだことをワークシートに記入する。 ○自分の考えを発表する。	●ワークシートへの記入を促す。 ●記述の発表を促す。 ※数名の発表にとどめる。 ●教師の説話として黒田投手にまつわるエピソードを紹介する。 ◇本時のねらいが把握できたか。

準備物

- ワークシート

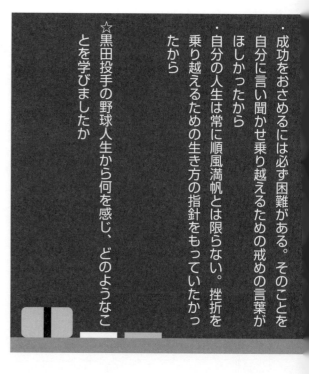

・成功をおさめるには必ず困難がある。そのことを自分に言い聞かせ乗り越えるための戒めの言葉がほしかったから
・自分の人生は常に順風満帆とは限らない。挫折を乗り越えるための生き方の指針をもっていたかったから
☆黒田投手の野球人生から何を感じ、どのようなことを学びましたか

本時の実際

●導入

　導入は、これからはじまる1時間が楽しい時間になりそうだ、自分自身のためになりそうだということを予感させるような役割を果たすことが求められます。まずは、生徒が1時間の道徳科の授業に対して興味・関心をもてるようにすることが大切です。

　本時においては、「耐雪梅花麗」が1時間の授業のポイントとなる言葉なので、これを示し読み方や意味を尋ねました。次に、書き下し文を示した後に意味を説明し、この言葉を大切にしていた野球選手がいることを告げ、黒田投手の写真を黒板に貼り簡単な紹介をしました。もし、黒田投手自身や所属していたチームのファンがいる場合は、黒田投手への思いなどを語る場を設定すると、さらに、興味・関心が高まると思われます。

●展開

　教材の範読後、発問をしてグループによる話し合いを行いました。グループでの話し合いを行う意図は、小集団の中だと自分の考えを表明しやすいからです。その際、留意すべきこととして、全員が自分の考えをもって発表し、かつ、他者の考えも傾聴するようなグループでの話し合い活動のルールを決めておくことが大切になってきます。

　発問をもとにグループで話し合ったところ、黒田投手がプロになれたのは「黒田投手が本当に野球が好きだったこと、がんばってやりぬこうとする本人の気質や性格、さらに、これまでの努力をむだにしたくないという思いがプロへの道を開いたのではないかと思います」といった意見が出ました。一方で、「黒田投手は一生懸命に努力してきたが、挫折を

耐雪梅花麗

【読み方】雪に耐えて梅花麗し

- 黒田博樹投手
- 広島カープ
  →アメリカ大リーグ
  →広島カープ
- 2016年引退

○ 高校で控え投手だった黒田投手が、どうしてプロ野球選手として活躍できるようになったのでしょうか
・黒田投手は本当に野球が好きだったから
・これまでの努力をむだにしたくないという思い
・努力は報われるという信念
・両親の一言
・チームメイトの支え

○ どうして、黒田投手は「耐雪梅花麗」を座右の銘にしているのでしょうか
・自分自身を励ますためや苦しいことを乗り越えるため

味わう中で一度は野球をやめようと思ったのだから、それを引きとめたのは、やはり両親の一言や支えが大きいと思います」という意見も出ました。さらに、「本人の努力や両親の支えがあったことは事実ですが、チームメイトやファンからの声援も支えになったと思います」という意見もありました。グループでの話し合いは多面的・多角的な思考を可能にしています。

次は中心的な発問なので自分の考えを明確にするためにワークシートに考えを記入しました。そのうえで2人1組となり、1人がインタビュアー、1人が黒田投手となり、インタビュアーが黒田投手に発問をする役割演技を行いました。インタビューすることで自分の考えを言葉にすることができました。

🎤 終末

終末では、黒田投手の生き方を自分自身の生き方に照らし合わせて考えてみました。発問後には「自分も将来野球選手になりたいと考えているので今日の授業で勇気と希望をもらいました。黒田投手がますます好きになりました」などと野球に関する発言がありました。さらに「挫折にもくじけず努力する姿勢を見習いたいと思います。僕も耐雪梅花麗を座右の銘として苦しい時は黒田投手のことを思い出してがんばっていきたいと思います」と黒田投手の生き方に触発され、その生き方を学んでいこうとする発言が続きました。

最後に、アメリカの大リーグでプレーするよう慰留された黒田投手が余力のあるうちにもとのチームに戻ってきてプレーした経緯を説話として話し、授業を終了しました。（富岡）

▶ 内容項目：A−（5）真理の探究，創造

掲載教科書：東書／学図／教出／光村／日文／学研／あかつき／日科

ヒト・iPS 細胞を求めて
山中伸弥

山中伸弥博士の真理を探究し続ける生き方から学ぼう

ねらい
ノーベル生理学・医学賞を受賞した山中伸弥博士の生き方を通して，ねばり強く探究し続けることが新たな見方や考え方の発見につながることに気づき，自分自身の生き方に，その心を生かしていこうとする実践意欲を高める。

教材のあらすじと活用ポイント

　山中伸弥博士が，指導教官が立てた仮説の検証のために薬剤の実験をしていた時に，薬剤が効かないどころか，ひどい状態になってしまったことがありました。すると，指導教官は，がっかりするどころか，どうしてこうなるのかと嬉しそうに言います。予想外の結果が出ることに，山中伸弥博士が研究の世界の魅力を感じた出来事でした。その後，細胞の初期化に必要な遺伝子を確定する研究を続け，「iPS 細胞」として発表します。ベールに包まれていて見えない真理を，見えるように1枚1枚はがして明らかにしていくのが研究者の仕事だと語ります。仮説が外れたのに喜ぶことの意味や，見えないものを見えるまでつきつめていく姿勢を手がかりに，充実した生き方について考えることができます。

「特別の教科　道徳」の授業づくりのポイント

　本教材のように，偉人の業績について書かれた教材の場合，自分とはかけ離れた人で，この人はすごいが自分は違うと捉えて，教材から離れてしまう生徒がいます。自分との関わりで道徳的価値を理解し，自分の問題として受け止めて学習が深まるようにすることが重要です。科学の発見が題材ですが，科学者を目指す生き方をすすめるわけではありません。生徒自身の生活の中で真理を探究する心が見られる場面を示しながら授業を展開していくことが大切です。

評価のポイント

　探究する心に関して，小グループでの交流や学級全体での共有を通して，自分自身の関わりの中で理解を深める授業になっていたかを評価します。発問に対するワークシートの記述と振り返りの部分の記述によって見取るようにします。

本時の流れ

	○学習活動	●教師の手だて　◇評価　※留意点
導入	○探究する心について考える。 発問　わからない問題を考え続けた経験や，自分が考えた解き方とは異なる解法に出会った経験はありますか。どんな気持ちでしたか。	
展開	○教材を読む。 発問　仮説が外れたことを嬉しいと感じるのは，どのような思いからでしょうか。	●日常生活においては，自分の予想が外れた時，どのような気持ちになるかという点から比較して考えさせる。
	発問　なかなか真理は見えないのに，山中伸弥博士が研究を続けられたのは，どのような思いに支えられたからなのでしょうか。	●記者会見の言葉に注目させる。
	発問　好奇心をもって探究し続けることは，自分自身にどんなことをもたらしてくれるでしょうか。	
	○ワークシートに記入する。 ○意見交流をする。 ○班のホワイトボードに記入する。	●結果としてのノーベル賞以外のことを考えさせる。 ●個人で考えさせた後，小グループで共有。さらに，学級全体で共有させる。 ◇自分の考えをワークシートに記入しているか。
終末	発問　授業を通じて，探究する心について考えたこと，感じたことを書きましょう。 ○ワークシートに記入する。	◇他の人の意見を聞いて，探求する心について多面的・多角的に考えているか，ワークシートの記述から見取る。

準備物

- ワークシート
- 山中伸弥博士の写真
- ホワイトボード（各グループごと）

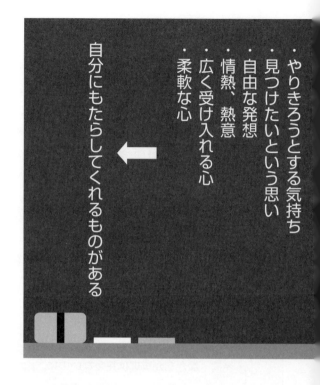

・やりきろうとする気持ち
・見つけたいという思い
・自由な発想
・情熱、熱意
・広く受け入れる心
・柔軟な心

→ 自分にもたらしてくれるものがある

本時の実際

● 導入

　数学の問題などを自力で解こうとして，ねばり強く考え続ける経験は，まさに探究そのものです。

　すぐに答えにとびつくのではなく，自分で考えることの魅力やおもしろさを感じたことのある生徒に，その経験を語ってもらいます。

　また，自分が考えていた解き方以外にも別の解法があることを知る経験も，探究や新しいものの創造に大きく関わります。

　これに関してもその時の気持ちを語ってもらい，本時のテーマと自分との関わりを意識させていきます。

● 展開

　仮説と違う結果になってしまう実験は，学校の理科であれば失敗であり，嬉しくないことです。それは，追実験であり，新しい発見や創造を期待したものではないからです。

　では，仮説が外れた結果になった時に，それを嬉しいと感じ喜べるのは，どうしてなのでしょうか。自由に考えさせたいところです。

　次の発問も，生徒自身の体験と結びつけながら考えさせていきます。

　なかなか見えてこない真理を，山中伸弥博士に追い続けさせたものは何なのか。どんな思いに支えられたのか。これと似たような経験が生徒自身にもあるはずです。それをリンクさせます。例えば部活で，スタメンに入れるかどうかわからないけれど，それを目指して自主練習を地道に続けていく時，支えにな

板書例

ヒト・iPS細胞を求めて　山中伸弥

☆山中伸弥博士の真理を探究し続ける生き方から学ぼう

[山中伸弥博士の写真]

ベールで包まれていて見えない真理を1枚1枚はがし、明らかにしていくのが研究者の仕事

・仮説が外れる＝嬉しい
・新しい可能性が開けた
・未知のことを見つける魅力

← 探究する心を支えたもの

るのはどのような思いなのか。このような例をあげると，自分との関わりでこの教材を捉えることができます。

そして，最後に，このようにねばり強く真理を求め続けることは，その人に何をもたらすのかということをじっくりと考えさせます。ノーベル賞は結果として見えるものですが，むしろ，表に見えない部分で与えられたものを考えさせていきます。これも多様な考えが出てきます。グループでの意見交流やクラス全体の共有では，多様な感じ方や考え方にふれることができ，その結果，生徒一人ひとりの道徳的なものの見方や考え方が深まることにつながります。

● 終末

学校で学ぶ教科の学習では，正解が1つになるものが多いですが，社会生活においては，正解が1つでないものが圧倒的に多いです。人間としての生き方などは，まさに正解がないものの代表でしょう。

自分に合った勉強方法を見つけるまで試行錯誤したり，興味を感じた事柄や気になったことを徹底的に調べてみたりするのも，この探究する心です。

山中伸弥博士の生き方を通して，探究する心を自分の中に見出し，それを，自分にとって，よりよく生きたいと願う自分自身の将来を創る原動力になるものとして感じ取れたかという視点が大切です。探究する心について自分の言葉でワークシートに書かせ，意図的指名で発表してもらいます。

（須貝）

▶ 内容項目：B−(6)思いやり，感謝

掲載教科書
東書 学図 教出
光村 日文 学研
あかつき 日科

夜のくだもの屋
思いやりと感謝の心

ねらい
少女とくだもの屋さんの心の交流を通して思いやりや感謝の心で人と接し人間愛の精神を深めようとする心情を育てる。

教材のあらすじと活用ポイント

　合唱部の練習で暗くなってから帰宅する少女のため，くだもの屋さんは店じまいを遅らせてあかりをともし続けました。少女は心細さをまぎらわせてくれる光に守られ，課題曲を口ずさみながら夜道を歩く毎日が続きました。平常に戻った日曜日，少女はくだもの屋さんのおばさんが課題曲を口ずさんでいることに驚くとともに店のあかりを自分のためにともしてくれていたことを知り感謝の気持ちでいっぱいになります。さわやかな心の交流に対する感動について語り合い，人々の善意に気づき感謝の気持ちをもつことの意味を考えさせたいです。

「特別の教科　道徳」の授業づくりのポイント

　店じまいのはやい場末のくだもの屋さんは，少女を気づかい毎日あかりをともします。そのあかりの中を課題曲を歌う少女が通ります。少女が元気に帰ることがくだもの屋さんの喜びであったのかもしれません。いつも少女のことを気にかけていたからこそ少女の歌を自然に口ずさむようになっていたのでしょう。自分のためにともしてくれていたあかりだと気づいた少女の驚きと感謝の気持ちは読者の心をうちます。一人ひとりの生徒が感動を語り合い，自己を見つめ，人間愛に支えられた思いやりと感謝について深く考えるようにしたいものです。

評価のポイント

　「感動したことを語り合い，話し合う喜びを大切にしているか」「思いやりや感謝について，くだもの屋さん，少女，少女の家族の立場などから考えているか」「少女とくだもの屋さんの心の交流に深く感動し，思いやりや感謝の心をもつことの意味について深めようとしているか」などについて考えられた授業だったかを評価します。

本時の流れ

	○学習活動	●教師の手だて ◇評価 ※留意点
導入	○「夜のくだもの屋」という教材名から，夜のくだもの屋でどんなことがあったのか想像する。	●教材名から内容を想像させ，教材に興味をもつようにする。
展開	○教材「夜のくだもの屋」を読んで話し合う。	
	発問　心に残ったのはどこですか。どうして心に残ったのですか。	
	○少女の驚きを共感的に捉え，心に残った理由を述べる。 ・おばさんのハミングに合わせて，アルトの部分を歌う。 ・店のあかりは自分のためにともしてくれたあかり。	※黒板の中程に心に残った場面と理由を書く。 ※生徒たちが日頃の生活をもとに，感動したわけについて語り合えるようにする。
	発問　私たちの感動を支えている，くだもの屋さんがあかりをともした理由を考えましょう。また，少女はどのように受け止めていたのでしょう。	
	○くだもの屋さんのおじさんやおばさんの少女に対する思いを考える。 ・少女の心細さに思いをはせ，少女のためにできることをしようとするやさしさ。安全・安心に帰宅できるよう，少女を我が子のように見守ろうとする思いやり。 ・くだもの屋さんにとっては少女のためにすることが喜びであり，同時にさせていただいているという気持ちがあったのかもしれない。	※くだもの屋さんの少女に対する思いやりや親切が，どうして人の心をうつのか話し合わせる。 ※多くの人の支え合いに気づくことの難しさも知らせる。 ◇感動の交流を通して，自己の思いやりや感謝の心を見つめているか。
	発問　誰のどんな心がみんなを感動させたのでしょう。あなたが大切にしたい心は何ですか。	
	〈人々の感動をよぶ心〉 　ア　見返りを求めないやさしい気づかい 　イ　人の気持ちを理解し，気配りをする心 　ウ　親切にさせていただく心 　エ　思いやりに感謝する心	●いくつか出された感動をよぶ心（ア〜エなど）の中で自分が特に大切にしたい心を1つ選ばせ，理由も述べるようにする。 ◇価値との関わりで深く自己を見つめ思索を深めているか。
終末	発問　友達との意見交流を通して，あなたはどんなことを学びましたか。	
	○授業を通して，誰のどんな発言から，どんなことを学んだのかをノートにまとめ発表する。	※ノートに学んだことを書かせる。 ※学びの振り返りをさせる。 ●自分に何ができるか考えさせ，学びを実践に結びつけさせる。

準備物

・特になし

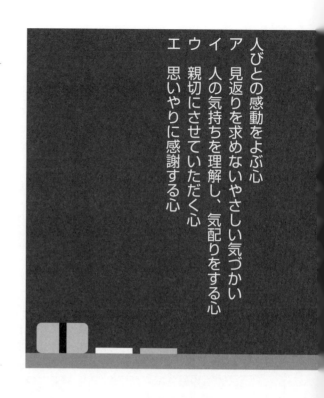

ア 人びとの感動をよぶ心
イ 見返りを求めないやさしい気づかい
ウ 人の気持ちを理解し、気配りをする心
エ 親切にさせていただく心
オ 思いやりに感謝する心

本時の実際

💛 導入

授業のはじめに,「今日は『夜のくだもの屋』という教材で道徳の学習をします」と教材名を知らせ,板書します。

そして,「夜のくだもの屋でどんな出来事があったのか想像しましょう」と問いかけ,教材に書かれている内容に興味をもたせます。「夜のくだもの屋だから暗いお話が書かれている」「うす暗くくだもの屋でおつりを間違えるなどのトラブルがあった」「何か事件があった」など自由に想像し発表させます。

「夜のくだもの屋」だから何か暗い出来事を想像しますが,実は明るいお話ですと説明することで,生徒の想像したことに揺さぶりをかけると,教材の内容への興味や関心が高まります。生徒の感動を重視する展開のための導入として工夫しました。

💛 展開

「いいお話だったね,それではどんなことが心に残りましたか,その理由も言ってください」と問いかけ,生徒が教材を読んだ後の感動を語るようにします。おばさんのハミングに合わせてアルトの部分を口ずさんだ時の少女の驚きや,くだもの屋のおじさんが自分のためにともしてくれたあかりであることを知り,声が出ないほど驚いたことを理由として添えて発表させます。教師は生徒たちが述べた感動を黒板の中程にまとめます。

生徒の感動した理由を明らかにするために「このお話がどうして私たちを感動させるのかその理由を考えましょう」と問いかけ,くだもの屋さんと少女の心の交流を黒板の右半分にまとめます。暗い夜道を照らしてくれるくだもの屋さんのあかりは,少女の心細さを

夜のくだもの屋

少女
- 心細さをまぎらわす
- 心が落ちつく
- 安全・安心
- あたたかい
- つい歌が

くだもの屋のおじさん おばさん
- さぞ心細いだろう
- せめてうちのあかりだけでも
- がんばってね

【誰のために】
- 心細い少女のため
- 少女の家族のため
- くだもの屋さん自身のため
- 〈困っている人のためにさせてもらう〉

- ハミングとアルト
- おばさんのハミング
- 少女はアルトの部分を無意識のうちに
- おばさんの話
- あかりのわけ
- 少女は自分のためにともしてくれたあかりであることを知る

終末

　感動は理屈ではありません。感性です。自分の受けた感動を交流し合うことで、仲間の感動に感銘を受け感動を深めます。感動の連鎖が感動をよぶのです。「今日友達と意見交流をして、あなたはどんなことを学びましたか」と問いかけ、静かにノートにまとめ発表させます。深い感動を共有する喜びにあふれます。

　思いやりの連鎖といわれるものがあります。くだもの屋さんの思いやりは少女に宿り、病院の友達にも運ばれるでしょう。そして「夜のくだもの屋」からもらった思いやりを生徒はいろいろなかたちで誰かに届けるでしょう。

　終末の教師の手だての「自分に何ができるか考えましょう」は必要ない問いかけかもしれません。

まぎらわせてくれ、心があたたかくなります。つい歌を歌いたくなるありがたいあかりです。くだもの屋さんは夜道を帰る少女の心細さに思いをはせ、せめてうちのあかりだけでもという真心のこもったあかりを毎日ともしました。このあかりが「私のためにともしてくれたあかり」であることを知った少女の驚きを生徒は自分のこととして捉え深い感動を覚えます。ともされたあかりは少女だけでなく少女の家族にとってもありがたいあかりであること、さらにくだもの屋さんは「させていただく思いやりのあかり」と捉えていたのかもしれないなど多面的・多角的に捉え発表させます。発展的な展開においては、本教材をもとに「人々の感動をよぶ心」として把握した価値をまとめ、特に大切にしたい心を選択させることで自己を深く見つめさせます。

（田邊）

▶ 内容項目：B−(6)思いやり，感謝

心に寄りそう
気持ちをこめて

掲載教科書：東書　学図　教出　光村　日文　学研　あかつき　日科

> **ねらい**
> 山田さんが，年輩の女性から声をかけられ「目を覚まさせられたような気がした」場面に着目し，自分自身も相手も共にかけがえのない存在であることを自覚し，互いに絆を深めようとする道徳的態度を育てる。

教材のあらすじと活用ポイント

　看護師の山田さんは，患者さんに挨拶をしたつもりが，一人ひとりの顔を見ておらず，きちんと挨拶を伝えられていなかったことを反省します。そして，患者さんに体を近づけ，かがんで目線を合わせる細やかな心配りの大切さに気づきます。また，仕事をうまく進められない時，彼女の涙の跡に気づいた年輩の女性患者から，一人の人間としてやさしい言葉をかけてもらい元気づけられます。その時，真に相手の心に寄りそうことの大切さを痛感します。彼女と年輩の女性患者とのやりとりに着目しながら，当事者意識をもって考えさせたい教材です。

「特別の教科　道徳」の授業づくりのポイント

　山田さんは，看護師として患者さんとの接し方について，様々な関わりを経験しつつ，反省と学びを繰り返しています。生徒には，彼女の行為と気づきを追いながら，真の思いやりの姿を追求させます。仕事で苦悩している時，年輩の女性が一人の人間として話しかけてくれたことにより，相手の心に寄りそうことの大切さを痛感しています。このことでなぜ，目を覚まさせられたような気がしたのか，自分事として考えさせたいです。この場面を役割演技として取り上げ，生徒同士で表現し合うことも効果的です。

評価のポイント

　振り返りシートでは，自らの経験を踏まえた自己内対話の模様を表現しようとしているか，人間として自らの弱さと向き合い，それを認めかつ乗り越えようとしているか，生徒一人ひとりが教材を介して自分事として考えられる授業になっていたのか，さらに仲間の意見と出会い，それを自らの考えの再構築につなげられていたかに着目して評価します。

本時の流れ

	○学習活動	●教師の手だて ◇評価 ※留意点
導入	○「看護師」が働いている写真を見る。 ○「看護師」の仕事の苦悩について考える。	●「人」と関わる仕事であるので，患者さんの立場に身を置いて考えるように伝える。
	発問 「看護師」の仕事について，知っていることをあげてみましょう。	
展開	○教材の範読を聞き，看護師の苦悩に共感する。	
	発問 山田さんが「あなた，まだ病室を回ってないの？」の言葉の意味がわからなかったのは，なぜでしょうか。	
	・病室の入り口から患者さん全員に声をかけたと勝手に認識していた。 ・患者さん一人ひとりの立場を理解した細やかな関わりができていなかった。	●山田さんと患者さんの認識の差異が，患者さんからの不満につながることに気づかせる。
	発問 山田さんが「目を覚まさせられたような気がした」のは，なぜでしょうか。	
	○山田さんが看護師になりたての頃，心が折れそうな時，年輩の女性患者からの声かけに救われた出来事から，寄りそうということの本質に気づく。 ・相手の心に寄りそうことの本質を実感したから。 ・女性からの声かけこそ，私がすべき姿勢である。 ○グループで意見を出し合い，他の人の意見を聞き，共通点や相違点を整理しながら，議論を深める。	●患者さんの立場に身を置き，寄りそってもらっているという実感がもてるのは，どのような対応からかについて考えさせる。 ●自分の意見を発言するだけにとどまることなく，仲間の意見に対して発言するように伝える。
終末	発問 本教材を通した気づきを踏まえながら，振り返りをワークシートに整理してみましょう。	
	○本時のまとめをする。	●授業を通して気づき得たことを，わかりやすい自分の言葉で表現するように伝える。

準備物

・看護師の仕事の様子がわかる写真
・ホワイトボード（グループごとに）
・振り返りシート

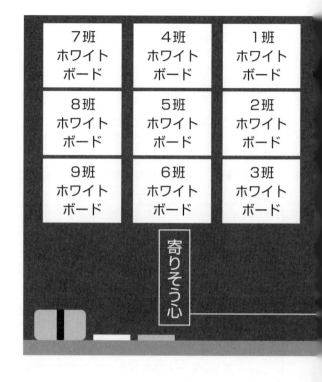

本時の実際

● 導入

看護師が働く様子の写真を提示します。看護師とは、人として、また専門職として患者さんと関わる仕事であることへの理解を促します。そこで生徒に、患者さんの立場に身を置き、看護師からのどのような関わりを求めているのか、また安心を期待しているのか、具体的に考えさせます。看護師の仕事は、専門職であると同時に、コミュニケーションによる聞き取りが大切であり、個別の対応が重要であることに気づかせます。本教材では、若手の看護師がなりたての頃の出来事を回想し、数々の失敗を乗り越え、心が折れそうになった時にも、年輩の女性患者からの声かけに元気づけられています。このエピソードのキーワードが、「心に寄りそう」であることを踏まえて、関心を抱かせます。

● 展開

教材の範読を聞き、看護師の苦悩に共感させ、その思いへと近づけます。山田さんは看護師になりたての頃、自分の認識と患者さんの認識の間に齟齬があり、とまどいます。看護師長からの「まだ病室を回ってないの？」の言葉の意味がわからずとまどう場面に着目します。なぜ、こうした事態を招いたのか、当事者意識をもって自分事として考えさせたい部分です。生徒からは、山田さんの病室の入り口から患者さん全員に声をかけたという認識と、患者さんは個別に目線を合わせての会話を望んでいることに、大きなギャップがあるという意見が出ることが予想されます。患者さんの立場に身を置けば、どのように関わってもらいたいのかは、病状が深刻であればなおさら、自然に実感できるのではないで

心に寄りそう

看護師が働く様子の写真

○看護師の苦悩
・患者さんから信頼を得たい
・患者さんを理解するのが難しい
・伝えたつもりでも、伝わっていないことがある
・言葉だけではなく五感で感じ、見取ることが求められる

【まだ病室を回ってないの？】
・え一、なんで？（挨拶をしたのに……）
・全員に声をかけたつもりでいた
・患者さんとは一対一の関係である
・患者さんの思いに寄りそうことの大切さ

【反省】

【心が折れそうな私】

【年配の女性患者さんからの一言】

【目を覚まさせられたような気がした】

しょうか。山田さんが患者さんの立場に立っていなかったことを反省し、細やかな関わりができるようになったことへの理解を、議論を通して深めたいです。

看護師の仕事は、専門性を生かすだけでなく、患者さんに寄りそう気持ちが前提になることに気づかせます。本質的に寄りそうとは、どのような状況を意味するのか追求させます。山田さんは、「目を覚まさせられたような気がしました」と言っていますが、その理由について議論を進めます。

生徒一人ひとりが自分の考えを整理し、その意見をグループで出し合い、仲間の意見に耳を傾け、再度自分の考えを再構成するプロセスを大切にします。グループごとに出された意見を整理し、発表し学級の仲間との共有を図ります。

● **終末**

本時の学びを通して気づいたことを、自分の言葉で表現するように伝えます。自分事として考えていれば、生徒の自らの経験を交えた表現が見られます。

当事者意識が高まれば、自ずと真に寄りそうことを実践する難しさと対峙することになります。生徒一人ひとりが人間理解のもと、自らの心の弱さと向き合い、それでも患者さんの立場を思い寄りそうことの重要性を認識することになります。

道徳の時間では、教材の場面をきちんと理解したうえで、自分自身だったらどうなのか、自己内対話を丁寧に進め、振り返りの時間を大切にする必要があります。

(松岡)

▶内容項目：B−(6)思いやり，感謝

掲載教科書：東書，学図，教出，光村，日文，学研，あかつき，日文

気づかなかったこと
よい面に目を向けてみよう

ねらい

社会の嫌な面ばかりが気になっていたが，やさしくされたことをきっかけに様々なよいところにも気づくことができた主人公の姿を通して，他者への思いやりや感謝の気持ちをもって行動しようとする実践意欲と態度を育む。

教材のあらすじと活用ポイント

　生徒たちと同世代の女の子を主人公にした教材です。主人公の「私」は街で偶然，自己中心的だったり，自分勝手だったりする大人に出会います。報道されている様々な事件なども含め，世の中を「大嫌い」と否定的に捉えてしまいます。しかし，ある時電車の中で具合が悪くなり，見ず知らずの人に親切にしてもらったことをきっかけに，自分の周りにある様々な善意，思いやりの心に気づきます。醜い面だけを見て批判的になっていた「私」が，周囲の人のあたたかな行動にふれ，気づき変化していく姿に注目させたいです。自我関与しやすい教材なので，自己を振り返るためにもしっかりと話し合いの時間を確保したいと思います。

「特別の教科　道徳」の授業づくりのポイント

　教材は生徒たちの周りでも起きているような内容で，意見も出しやすいものです。主人公と自分をしっかりと重ねさせ，対話を深め，丁寧に考えさせましょう。社会に対してネガティブな見方をしていましたが，自分が助けられたことをきっかけに視野が広がり，様々な思いやりの心があることに気づき，やがて感謝の気持ちをもつことができたことについても捉えさせます。

評価のポイント

　「思いやりが大切なこと」は，生徒たちはみんな知っています。新たに気づかせたいことは，「誰もが思いやりで支えられていること」であり，「感謝の大切さ」です。自己の経験を振り返り考えさせます。その時の思いなどを振り返っているかを視点として評価します。また，仲間にも様々な経験があります。その発言から新たな価値に気づいているかを見取りたいです。

本時の流れ

	○学習活動	●教師の手だて　◇評価　※留意点
導入		●授業で考える価値への関心を高める。
	発問　他人の行動で，悪いところが気になることがありますか。それはどんな時ですか。	
	・人の悪口を言っているのを聞いた時。 ・悪気はないかもしれないけど，友達にちょっかいを出している時。嫌だと思う。	●普段の生活の中から考えさせる。 ●学校生活に限らず，日常の生活でよくない印象をもつことを想起させる。
	【テーマ】　人と接する時に大切にしなければならないこと。	
展開	○教材を読んで，話し合う。	●場面絵を活用する。
	発問　「私」が，「こんな世の中，大嫌い」と思ってしまったのは，どうしてでしょう。	
	・順番待ちで言い争っているのを見たから。 ・故意にぶつかったのではないのに，「じゃまだよ！」と言われ腹が立った。 ・テレビや新聞でも，嫌な気持ちになるニュースばかりだったから。	●たまたま遭遇した出来事から，すべてが嫌になっていることに気づかせる。 ●導入で考えたことにもふれながら，「私」に対して共感的に捉えさせたい。
	補助発問　「私」が家に帰ってきた時，お父さんに対して「無言」だったのはどうしてしょう。	
	・いろいろなことが嫌になったことで，お父さんに対しても冷たくしてしまった。	●「私」自身も思いやりや感謝の気持ちをもてていないことに気づかせたい。
	発問　「私」が気づいた「すごいこと」とはどんなことでしょう。	
	・見ず知らずの人にも親切にしてくれる人がいた。 ・自分の周りにもたくさんの思いやりや感謝の行動があふれている。	●「私」が親切にしてもらった経験などから，人の思いやりや感謝の気持ちに気づいたことを捉えさせる。
	補助発問　「私」はどうして「すごいこと」に気づけるようになったのでしょう。 「何もかも嫌」になっていた「私」と，「すごいこと」に気づいた「私」の違いはどこにあるのでしょう。	
	・たくさんの思いやりに気づいたから。 ・いろいろな見方ができるようになったから。	●人のやさしさによって見方が変わり，視野が広がった「私」の姿を感じさせる。
終末	○今日の授業を振り返る。	●自己評価も活用するとよい。
	発問　今日の授業で学んだこと・気づいたことをワークシートに書いてみましょう。	

準備物

- ICT機器
- ワークシート

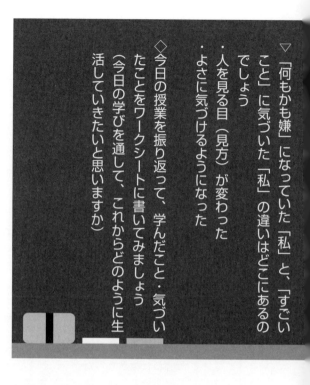

▽「何もかも嫌」になっていた「私」と、「すごいこと」に気づいた「私」の違いはどこにあるのでしょう
・人を見る目（見方）が変わった
・よさに気づけるようになった
◇今日の授業を振り返って、学んだこと・気づいたことをワークシートに書いてみましょう
（今日の学びを通して、これからどのように生活していきたいと思いますか）

本時の実際

💡導入

　中学生であっても，大人と同様に生活上でネガティブな気持ちになるような場面に出会うことがあります。自分の意思とは関係なく，目にとびこんでくる新聞やテレビのニュースなどに，いろいろな思いを巡らせることもあるでしょう。そんな日常の生活を想起させながら，テーマへと導きます。「私」は些細なことから大人への不信感をもってしまいました。しかし，他人の何気ないやさしさにふれ，人々の思いやりに気づき，それをきっかけとして「感謝の心」をもつことができたのです。そのことを比べつつ，展開後段で自分の生活に置き換えて考えさせることへとつなげます。そのため導入部分では，自分自身の日常生活で生じていることをしっかりと振り返らせておく必要があります。

💡展開

　この教材で生徒たちに学ばせたいのは，「人間愛の精神」です。人は，強さも弱さももち合わせていますが，そのすべてを丸ごと肯定的に受け止めようとする心を育てなければならないと考えます。「思いやりの心」とは単なる哀れみの心ではなく，相手の立場を尊重しながら親切にし，いたわり，励まそうとする心です。人のもつ醜さにとらわれることなく，広い視野をもつことで周囲の思いやりに気づくことができた「私」。そのことを生徒たちにも捉えさせたいのです。

　まず，「私」が世の中に対してネガティブな感情をもってしまったことを確認します。ICT機器を活用して，教材の場面に近いようないくつかの事例を写真で示し，より自分事として捉えやすいようにしました。

気づかなかったこと

■ 人と接する時に大切にしなければならないこと

○「こんな世の中、大嫌い」と思ってしまったのは、どうしてでしょう
・順番待ちで言い争っている大人を見た
・故意にぶつかったのではないのに「じゃまだよ!」と言われて腹が立った
・テレビや新聞→嫌なニュースばっかり流れる
お父さんにも無言だった

↕

いろいろなことが嫌になった

◎「私」が気づいた「すごいこと」とはどんなことでしょう
・見ず知らずの人が親切にしてくれた
・自分の身の回りにもたくさんの思いやりがある

▽「私」はどうして「すごいこと」に気づけるようになったのでしょう
・親切にしてもらったことで、いろいろな思いやりに気づけるようになった
・冷静に見ると、いろいろな親切が見えるようになった

あわせて、「何もかも嫌だ」と考えることによって、父親の言葉を無視してしまったことについても考えさせます。

中心発問では、「私」が気がついた「すごいこと」に焦点を当てます。知らない人から助けられたことがきっかけで、人を見る視点が変わり、今まで見えていなかった「人間のもつすばらしさ」に気づき、「感謝の心」をもつことができた「私」。補助発問で「私」の何が変わったかを問うことで、一面的な見方では気づけなくても、視点を変えてみると様々なすばらしさが見えてくることを捉えさせます。そして、偏った、狭い見方ではなく、広く様々な角度から多面的・多角的に考え、人を見ていこうとすることが、人間関係を円滑に進める鍵となることに気づかせていきたいと思います。

●終末
終末では、授業での学びをしっかりと振り返らせます。中学生と同世代の主人公であるので、自分自身と重ねて考えやすいはずです。道徳ノートやワークシートに記述した内容などを視点として、生徒たち個々の学びを評価していきたいものです。

授業の導入で示したテーマ、「人と接する時に大切にしなければならないこと」についても記述できるようにしたいものです。説話を用意してもよいでしょう。教師が自己開示するようなかたちで自身の体験を語るなどで、ねらいとする価値について違った角度から考えるもととなるものを提示するのもよい方法であると思います。自己評価欄を活用し、生徒自身が振り返りやすくなるようにすることも大切です。

(大舘)

▶ 内容項目：B-(7)礼儀

一枚のはがき
礼儀を理解し，適切な言動について考えよう

掲載教科書

東書	学図	教出
光村	日文	学研
あかつき	日科	

ねらい
叔父さんからの1枚のはがきから，どんな行動をとることが適切だったのかを考え礼儀の大切さを理解するとともに，自分の生活を振り返り，お世話になった人への感謝の気持ちを正しく伝えようとする態度を育てる。

教材のあらすじと活用ポイント

　「私」と友人は登山に行く途中に，叔父さんの家に立ち寄ります。叔父さんは，「私」と友人を大変歓迎してくれて，食事や寝床などたくさんのもてなしをうけます。登山が終わって何日も経った後，叔父さんから1枚のはがきが父に送られてきます。その内容は，お礼の便りがこないことを残念に思っているというものでした。そのはがきを父に見せられて恥ずかしい気持ちになるという話です。想像していなかった叔父さんからのはがきを通して，礼儀とは何か，礼儀に欠けてしまうとどうなるかを考えることができます。また，自分自身を振り返り，これからどんなことに気をつけていけばよいかを考えることができます。

「特別の教科　道徳」の授業づくりのポイント

　叔父さんから送られてきたはがきが，「私」・父・叔父・友人にとってどんな思いのはがきになっているか，1枚のはがきがもつ意味について考えさせます。4人それぞれにとって，居心地の悪さを感じ気まずさが残るものになってしまっていることを確認し，「礼儀に欠けてしまうと」の後の言葉を考えさせます。そうすることで，自分だけでなく，周りの人にも不快な思いをさせてしまうということ，周りの人との良好な関係を築いていくために，礼儀は欠かせないものであることに気づくことができます。

評価のポイント

　振り返りシートをもとに，礼儀の大切さを理解し，これからの生活に生かそうとしていく授業になっていたかを評価します。また，終末で叔父さんに向けて書いたはがきを読み合う活動を通して，他者からの記入の内容も授業の評価に生かしていきます。

本時の流れ

	○学習活動	●教師の手だて　◇評価　※留意点
導入	○普段の学校生活の場面を振り返る。 ・落とし物を拾ってもらった時に,「ありがとう」を言う場合と言わない場合など。	●2つの場合を実際に動作化で実演し,どう思ったかを発表させる。
	【めあて】　相手の立場に立って,礼儀の大切さについて考えよう。	
展開	○教材を読む。	●範読後,叔父さんにしてもらったことをまとめる。
	発問　父にはがきを見せられた時,どうして顔が赤くなったのでしょうか。	
	・自分が情けない。 ・今度叔父さんに会った時にどうしよう。 ・恥ずかしいことをしてしまったことへの後悔。	●自分だったら,どんな気持ちになるかを想像させて考えさせる。
	発問　叔父さんから送られてきた1枚のはがきは,「私」・父・叔父・友人にとってどんな思いのはがきになりましたか。	
	・「私」→叔父さんにここまで言わせてしまった。 ・父→息子にお礼のことを確認するべきだった。 ・叔父→こんなはがきを出してもいいのかなぁ。 ・友人→みんなに迷惑をかけてしまった。 ○「礼儀に欠けてしまうと,……」の続きを考える。	●個人で考えた後,班で交流させて,考えを深めさせる。 ●4人それぞれが,よい気持ちになれていないことを確認する。 ●自分だけでなく,周りの人に迷惑をかけたり,嫌な気持ちにさせたりすることを確認する。
終末	○みんなの気持ちがスッキリする方法として,おじさんのはがきに対する返事を書く。 【どんなことを書くか】 ・はがきを出さなかったことへのおわび。 ・お世話になったことへのお礼。 ・この失敗をどう生かそうと思っているか。 　　　　　　　　　　　　　　　　など ○礼儀について考えたことを振り返りシートにまとめる。	●どんな内容を入れるとよいかを考えさせ,「私」になったつもりで返事を書かせる。 ◇礼儀に欠けると,自分も含めて,周りの人も幸せな気持ちになれないことに気づけたか。

準備物

- ICT機器
- 振り返りシート

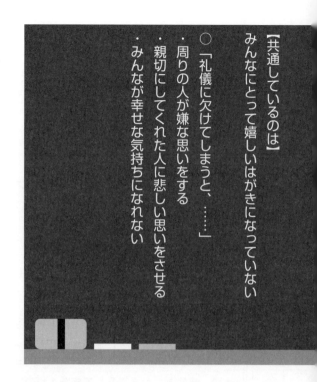

【共通しているのは】
みんなにとって嬉しいはがきになっていない
○「礼儀に欠けてしまうと、……」
・周りの人が嫌な思いをする
・親切にしてくれた人に悲しい思いをさせる
・みんなが幸せな気持ちになれない

本時の実際

●導入

はじめに普段の学校生活の中で、親切にしてもらった場面（落とし物を拾ってもらう場面や係の仕事を手伝ってもらう場面など）を実際に生徒に演技をさせながら紹介します。

この時、相手の親切に対して、何も言わない場合とすぐにお礼を言う場合を演じさせます。その演技を見比べて、どんな気持ちになるかを発表させます。何も言わないと、親切をした人もそれを見ている人もあまりよい気持ちはしないことに気づかせます。

自分自身は、普段、どのような態度をとっていることが多いか、親切に気づかずに過ごしていることはないかを問います。その後、「ありがとう」を含めた礼儀の役割とは何かについて考えていこうというめあてを提示します。

●展開

「一枚のはがき」を範読します。まず、「叔父さんにしてもらったことは何か」について考えさせ、発表させながら、親切にされたことをまとめていきます。教材に載っていることなので、テンポよく発表させていきます。随分たくさんのことをしてもらっていることを確認します。次に、叔父さんのはがきを、父から見せられて、顔が赤くなった時の「私」の心情を考えさせます。叔父さんに対して、取り返しのつかないことをしてしまったという「私」の後悔、お礼のはがきを出すことを思いつかなかった「私」の常識の欠如、これからどうしようという不安など様々な思いが入り交じっていることに気づかせます。そして、このはがきは、「私」・父・叔父・友人にとってどんな思いのはがきになっている

一枚のはがき

剣山の写真

【めあて】
相手の立場に立って、礼儀の大切さについて考えよう

○叔父さんにしてもらったこと
・大歓迎を受けた
・にわとりやうなぎをごちそうしてくれた
・布団を準備し、蚊帳をつってくれた
・峠まで荷物を運んでくれた

↓ どうして赤くなったのか
・情けなくて
・今度叔父さんに会った時にどうしよう
・恥ずかしいことをしてしまったことへの後悔

はがきの絵

○叔父さんのはがきは、それぞれにとってどんな思いのはがきになったか

〈私〉叔父さんにここまで言わせてしまった

〈叔父〉こんなはがきを出してもいいのかなぁ

〈父〉息子にお礼のことを確認するべきだった

〈友人〉みんなに迷惑をかけてしまった

かを考えさせます。

まずは、自分で考えた後、班で意見交流を行います。意見交流の後、全体で発表させます。

「私」は、叔父や父に対して、「父」は、叔父に対して、「叔父」は父に対して、「友人」は叔父や「私」に対して申し訳ない気持ちがあることに気づかせます。

全体での発表の後、今回のはがきは、4人それぞれにとって後味が悪い、気まずいものになってしまっていることを確認します。さらに、礼儀に欠けてしまうとどうなるかを、今回のはがきの件から考えさせます。礼儀に欠けると、相手に不快な思いをさせてしまうこと、相手だけでなく、自分の周りにいる人に対しても影響が出てしまうことなどに気づかせます。

● 終末

まとめとして、「私」が今、後悔していることを少しでもスッキリさせるために叔父さんのはがきに対して返事を書くとしたら、あなたならどんな返事を書きますかという活動を入れます。どんな内容を入れるべきかを全体に問いかけ、①はがきを出さなかったことへのおわび、②お世話になったことへのお礼、③これからのことについてなどを確認して作業に入らせます。

その後、振り返りシートに、礼儀について考えたことを記入させます。後日、それぞれが書いた返事をペアやグループで読み合い、内容でよかったところ、まねしたくなるところを記入する活動を取り入れ、まとめで書いた振り返りシートとともに評価に活用します。

(本屋敷)

▶ 内容項目：B−(8)友情, 信頼

嵐の後に
素直に語り合える友達

掲載教科書：東書／学図／教出／光村／日文／学研／あかつき／日科

ねらい
友達と思っていることを伝え合うことを通して，高め合い，励まし合い，悩みや葛藤を経験しながら友情を互いに育んでいこうとする道徳的実践意欲を育てる。

教材のあらすじと活用ポイント

　親父の漁を手伝う勇太と，見習いとして漁に加わった幼なじみの明夫のお話です。一緒に励まし合いたいけれど，雑な仕事や怠慢に対して何も言えない。そんな葛藤を抱えた勇太は嵐の夜に自分でも驚くほど素直な気持ちになり，お互いに思いを伝え合い，友情を育み合います。教材に登場する親父が「いっちょ前になる通り道」の案内人として，子どもたちが友情を育てる姿を見守ります。親父の3つの発言を聞いた時の気持ちや考えについて発問すると，①悩みや葛藤，②価値への気づき，③余韻が自然に味わえる構造になっています。

「特別の教科　道徳」の授業づくりのポイント

　冒頭で，生徒が手をつないでいる写真や，円陣を組んでいる写真などを見ます。これがはたして表面上なのか，本当に仲がよいのか提起します。そして授業の終末，もう1回同じ写真を見ます。これが，友達や写真の捉え方を「表面上」から「心境」へと深める手助けとなります。教材で考え合う際，重点を置くのは親父に「上っ面」と指摘されている悩みや葛藤の場面です。明夫をよく思っていないけれど，実は明夫のことを考えている。この葛藤でもがけばもがくほど，棚雲の切れ間からの光のように，価値がより輝き大事にされます。さらに，「待っとった」「戻ってきた」「がっちりと手を握り合う」を真実の言葉として味わうことができます。

評価のポイント

　学習プリントに勇太の気持ちに自分のことのように共感する記述があるかを評価します。明夫に言いたいことを言える爽快感や感謝・謝罪などの気持ちだけでなく，高め合い励まし合う関係に変わったよさにふれる記述があるかも確認し，それを味わう授業だったかを評価します。

本時の流れ

	○学習活動	●教師の手だて　◇評価　※留意点
導入	○友達と手をつないでいる写真，クラスで円陣を組んでいる写真を見る。	●写真に対して「仲がよいのか？」「仲がよくなるためか？」「仲がよいことの確認か？」などの見方を紹介し，表面上の関係について考えることを提起する。 ※生徒指導上の問題解決には用いない。
展開	○教材を読む。	●範読後，親父の言葉を再読する。
	発問　「本当に思っているなら……」「遠慮せずに思ったことを……」という親父の言葉を聞いて，「俺」はどんな気持ちになったでしょうか。	
	○学習プリントに記述する。 ○意見交換をする。	●勇太の葛藤や苦悩をたっぷり味わうため，学習プリントの個人記述欄を多くとり，さらに意見交換をしながら書きたしていくよう促す。 ●「伝えて関係が悪化したらどうしよう」など，自分なりの意見が出てから次の発問に移る。
	○荒れた海の動画を見る。	
	発問　驚くくらい素直な気持ちになった「俺」は，どんなことを考えたのでしょう。	
	○学習プリントに記述する。 ○意見交換をする。	●友情は２人で育むものだということに気づけるよう，勇太の考えだけではなく，明夫の考えに言及している記述があれば紹介する。
終末	発問　親父の「いっちょ前になる通り道……」を聞いた時，「俺」はどんなことを考えたのでしょう。	
	○意見交換をする。	※短時間で，テンポよく発表させる。 ●親父の言葉を借りて，２人の関係の成熟に関する意見を紹介する。
	○友達と手をつないでいる写真，クラスで円陣を組んでいる写真を見る。	●友達との写真に，授業中に出てきた生徒の意見を重ねる。表面上だけではなく，素直に思いを伝えている関係が自分の生活にもあることを確認する。 ◇生徒の記述に，お互いを大切にする思いを伝え合うよさが書いてあるかで，友情を育む意欲を明確にした授業だったかを評価する。

準備物

- ICT機器
- 生徒の写真4〜7枚
  - 手をつないでいる写真
  - 肩を抱いている写真
  - 指で☆のかたちをつくっている写真
  - 円陣を組むクラス写真
- 学習プリント

> 高校の時の気持ちに戻れて嬉しかった
> どんな思いでいたか伝えられて嬉しかった
> 傷つけまい。周りに任せよう！ふっきれた
> 明夫が楽しそうにしていたのは表面上
> 明夫の心境を考えなかったことを後悔
> 互いをさらけ出し、本当の自分を見せ、お互いのすれ違いがわかった
> 親父の「いっちょ前になる通り道……」を聞いた時、「俺」はどんなことを考えたのでしょう
> 2人ともお互いの表面だけ見ていたのが変わった
> 私たちも文化祭やいろいろな行事で関係が変わる

本時の実際

● 導入

文化祭・体育祭などの行事で抱き合って喜ぶ写真や、日常で手をつなぐ写真を見て、「仲がよさそうに見えるけれど、本当？」と問いかけました。生徒たちは「仲がいい」とつぶやきました。

少し切り返して、
「仲良くなるために、写真を撮るのか」
「仲がよいことを確認し合っているのか」
「仲良しを他の人に見せつけているのか」
と投げかけると、少し引っかかりを見せ、黙りはじめました。誰でもことを荒立てないよう、折り合いをつける経験をもっていますから、写真から見て取れる表面上の姿・かたちだけではなく、内面や関係性を捉える必要感をもって教材を読みはじめました。

● 展開

動機づけはすんでいるので、教材を参考に考えるよう促しました。そしてすぐに発問し、記述をはじめました。

「空気を読んで言いたいことが言えない」
「思いを伝えて関係が悪化したらどうしよう。でもこのままでは……」
「面と向かって思いを伝えることから逃げてきた。真の友……うわべの友……」

明夫を攻撃すれば関係を悪化させる、何もせずほうっておく、思いを伝え関係をよくしたいなど、悩む意見が出てきました。

突然、荒れた海の動画を見せました。船が揺れ、綱につかまって海に流されないようにしている動画を1分ほど流すと、生徒はびっくりした様子でした。漁を見たことのない生徒は、確かに危険を感じていました。

嵐の後に

「本当に思っているなら……」
「遠慮せずに思ったことを……」
という親父の言葉を聞いて、「俺」はどんな気持ちになったでしょうか

・しっかり聞いてあげられなかった悔やんでいる
・ぎくしゃくした空気を読むと関係の悪化の恐れ
・大切な友達だからこそ伝えたい
・明夫を変えたい→明夫は変わった?
・本当に心配しているなら遠慮せずに……
・本当に友達のままなのか不安
・明夫のために言ってやろう→明夫のため?
・驚くくらい素直な気持ちになった「俺」は、どんなことを考えたのでしょう

時化を通して素直な気持ちになった勇太の考えを記述しながら探りました。
「ぎくしゃくした関係から変われた」
「一緒に乗り越え、互いをさらけ出し、本当の自分を見せることによって気づいた」
「遠い存在だった明夫が隣にきた気がした」
明夫の気持ちを探る意見もありました。
「明夫は何か自分も変わらなきゃと思っていたのではないか」
「勇太の慣れた手つきがうらやましかったはず」
ただ相手の欠点を批判するだけではなく、自分の弱さを見せ、相手の立場に立つ勇太の姿が明確になりました。こうして相手のふるまいを見て終わりにせず、その時の心境を察し、思いを伝え合う喜びと大切さに気づきました。

終末

「いっちょ前になる」を考えました。
「親父も同じようなことがあったはず」
「私たちは運動会やいろいろな行事を経てよい関係になっていく」
悩みや葛藤は、自分を成長させるのと同時に、関係を成熟させることを味わいました。
最後に、導入で見た写真を見直しました。
「かっこ悪いけど泣かせてくれ」
と弱い自分をさらけ出したり、
「一緒にがんばろうぜ」
「……（なんて声をかけようか）」
という励ましの心の声を感じ取りました。
時化や敗北……そんな逆境でなくても、普段から友情や関係を見直していけることを伝え、いくらぎくしゃくしてもそれがチャンスだということを確認しました。
（両角）

▶ 内容項目：B−(8)友情，信頼

ゴール
情報モラルと友情

掲載教科書：東書　学図　教出　光村　日文　学研　あかつき　日科

ねらい

リカが練習の途中で帰った理由がわかり，チームメイトがハッとした場面に着目し，深く考え議論することで，友情が互いの信頼を基盤とする人間関係にあることを踏まえた道徳的心情を育てる。

教材のあらすじと活用ポイント

　バスケット部に所属する美希，優，はな，樹里，リカの2年生のチームは強豪東中学校との試合に2点差で惜敗しました。試合終了直前に美希からリカにボールがパスされましたがシュートがきまらなかったのです。新人戦を1週間後にひかえた日，リカはあわてた様子で練習を早退しました。このことを美希はやる気があるのかと切り出し，はなと優が同調しますが，樹里は力を合わせるように呼びかけます。美希，はな，優の3人は，リカと樹里に対する批判をメッセージアプリで行います。その後3年生との練習試合に負けた反省会の場でリカが練習を早退した理由が弟の交通事故であったことがわかり，美希はリカに対し心から謝罪します。

「特別の教科　道徳」の授業づくりのポイント

　どうしても東中学校に勝ちたい美希は，リカが早退したことからその練習態度について切り出します。その一方で樹里はチームワークを訴えます。ここの場面に着目し，シナリオありの役割演技を行います。ややもすると1つの誤った流れに引きこまれそうになる雰囲気に気づかせたいところです。引退した3年生との試合で負けた反省会の場で，リカが早退した本当の理由がわかり，美希が反省する場面を取り上げ，相手のことをよく知ることで違いを乗り越え，信頼を基盤とした関係性を築くことの大切さについて経験を踏まえながら考えさせたいです。

評価のポイント

　当事者意識をもって自らの経験と照合し，自己内対話ができているか，人間として自らの弱さと向き合い，それを受け入れながら克服しようとしているか，生徒一人ひとりが教材を通して自分事として考えられる授業であったかについて評価します。

本時の流れ

	○学習活動	●教師の手だて ◇評価 ※留意点
導入	○最後のワンプレイのせいで僅差で試合に負けた時の，くやしくて次に向けてがんばろうとする気持ちに共感する。	●強豪チームに惜敗した時をイメージして，当事者意識をもって考えるように伝える。
	発問 自分の最後のワンプレイのせいで試合に負けたとしたら，チームメイトはどのような気持ちになるでしょうか。	
展開	○教材前半の範読（34ページの12行目まで）を聞き，リカの早退後の4人のやりとりから，その雰囲気を想像する。	●役割演技（代表者がステージで演じる）を通して，誤解からよくない雰囲気になることについて，学級全員で考えさせる。
	発問 リカが早退した後の，美希，優，はな，樹里のやりとりを役割演技（シナリオあり）で表現してみましょう。	
	○美希の勝利を目指す思いが先行し，リカの早退から不信につながり，樹里のチームワークに対する主張を退けた，気まずい雰囲気を追体験する。 ○教材後半の範読（34ページの13行目から）を聞き，誤解していたことを知った美希，優，はな，樹里の心情に迫る。	●美希，優，はな，樹里の立場に身を置き，自分事として考えさせる。
	発問 「みんなは，ハッとして，リカを見た」のは，なぜでしょうか。	
	・自分のことしか見えていなかった。恥ずかしい。 ・信頼することができず，真の友人を失いかけた。 ・リカを批判する流れを止められず，後悔した。 ○グループで意見を出し合い，議論を深める。	●自分の意見を発言するだけにとどまることなく，仲間の意見と照合させ，共通点や相違点を参考にしながら，自らの意見を練り上げるように伝える。
終末	発問 本教材を通した気づきを踏まえながら，振り返りシートに整理してみましょう。	
	○本時のまとめをする。	●授業を通して気づいたことを，自分の言葉で丁寧に表現するように伝える。

準備物

・ホワイトボード（グループごとに）
・振り返りシート

7班ホワイトボード	4班ホワイトボード	1班ホワイトボード
8班ホワイトボード	5班ホワイトボード	2班ホワイトボード
9班ホワイトボード	6班ホワイトボード	3班ホワイトボード

友情の尊さ

本時の実際

● 導入

東中学校に僅差で負けた北中学校。最後のリカのシュートが外れ，試合は終わりました。決してリカのせいではないのですが，リカやボールをパスした美希の思いは複雑です。教科書のイラストを黒板に掲示し，その表情から双方の思いについて考えさせます。

バスケットボールはチームプレイであることから，互いに励まし合い高め合うことが求められているのに，過度に勝利を追求するがゆえに，ミスを許せなくなるような狭い心が芽を出します。それは，人としての弱い心（エゴ）でもあります。自己と向き合いながら本音の意見を出し合える雰囲気を教師がつくり，生徒一人ひとりの意見を引き出すことが望まれます。生徒には，自己内対話を促し，リカや美希の心情に迫ります。

● 展開

教材前半の範読を聞き，リカが早退した後に残された4人のやりとりに着目します。会話を抜き出し，シナリオありの役割演技を，代表者にステージで行わせます。また，観衆である学級の仲間全員で，本場面の4人の思いについて考えさせます。美希のリカに対する批判に同調する優とは，リカを思いやりチームワークを大切にと主張する樹里，それぞれの思いに寄りそい，自分事として考えさせたいです。生徒一人ひとりの経験と本教材とを照合させ，共通点と相違点を明確にして，議論を深めさせます。

演者の思いに観衆が共鳴しながら，役割を交代した役割演技を見ることで，互いに信頼し，尊敬し，認め合うことが真の友情の入口だと気づかせます。

ゴール

教科書32ページのイラスト

リカが、あわてた様子で練習を早退

○チームメイトの思い
・本当に惜しかった
・本当にくやしい
・リカにシュートをきめてほしかった
・勝ちたかった
・勝てたかもしれない試合だった
・勝つために何がたりないのか

役割演技

不信感（何でなの）…美希・優・はな
チームワークを大切に…樹里

みんなは、ハッとして、リカを見た

・自分のことしか見えていなかった、恥ずかしい
・リカの事情も聞かず、批判をしたことを後悔
・信頼することができず、真の友人を失いかけた
・リカを批判する流れを止められなかった

教材後半の範読を聞き、「みんなは、ハッとして、リカを見た」理由について考えさせます。最初にそれぞれがじっくりと時間をかけて考えた後、グループで意見交換を行います。自分の意見を発言することも大切ですが、仲間の意見を聞き、自らの意見と共通する点、異なる点を踏まえて、相手にコメントできるレベルまで追求させたいです。また、ホワイトボードを生徒が考えを整理するためのツールとして活用し、発言内容を整理します。リカが早退した理由を、チームメイトの4人はどのように受け止めたのか、「信頼しきれなかった恥ずかしさ」「仲間を疑ってしまったことへの懺悔」「最後まで守れず美希の意見に流されてしまったことへの後悔」など多岐にわたる議論が展開されました。

終末

役割演技を通した気づき、グループワークで考えた「ハッとして、リカを見た」理由に関わる学びについての生徒一人ひとりの捉えを、自分の言葉で、できれば平易な言葉で表現するように伝えます。

道徳の時間では、本音で語り合うことが大切であることから、議論を通して自分自身の意見が変わったら、その理由を丁寧に整理することが肝要です。なぜならば、そこには必ず道徳的価値が潜在しており、そのことを自分自身が認識することが、道徳的実践へとつながる入口になるからです。道徳の時間では振り返りを最も大切にしたいです。自己内対話を行い、自らの弱さとも対峙し、それを乗り越えるために道徳的価値を普遍的な理解へと高める時間だからです。

（松岡）

▶内容項目：B-(8)友情，信頼

ライバル
本当の友達について考えよう

掲載教科書：東書／学図／教出／光村／**日文**／学研／あかつき／日科

ねらい
友達への嫉妬と真の友情との狭間で揺れながらも，それを乗り越えていこうとする啓介と康夫の心情を考え理解することを通して，互いに励まし合い，高め合いながら心から信頼できる関係を築いていこうとする道徳的実践意欲を育てる。

教材のあらすじと活用ポイント

　有望な水泳選手であった山本啓介と吉田康夫は友達であると同時に，ライバル同士でした。しかし啓介は，康夫にどうしても勝つことができません。ところが，3年生になったある日，康夫が急病に倒れ，入院します。啓介の心は自分が優勝できるかもしれないという期待と，康夫を思う気持ちの狭間で大きく揺れ動きます。そんな重い心を引きずりながらも啓介は康夫の入院先を見舞います。一方の康夫は，長期間水泳をできない自分に絶望し啓介をうらやむあまり，見舞いにきた啓介に冷たくあたってしまいます。授業では啓介，康夫の両者の立場を自分自身のこととして考え，それぞれが相手にどんな思いを抱き，自分のネガティブな思いを乗り越えていったのかを具体的に考えさせることで，真の友情とは何かを考えさせていきます。

「特別の教科　道徳」の授業づくりのポイント

　本教材には，友達といいながらもライバルとして相手に嫉妬したり，不幸を喜んだりする人間の弱さ，醜さが描かれています。しかし，啓介も康夫も共にその思いを恥じ，負の思いを乗り越えて，友達を信頼し，関わりを大切にしていこうとする姿勢に転じていきます。授業ではその思いに迫るために，康夫を見舞う啓介の心情や康夫が手紙にこめた思い，そして手紙を受け取った啓介の思いへの共感的な理解を促し，真の友情について考えさせていきたいです。

評価のポイント

　嫉妬と友情との狭間で揺れながらもそれを乗り越え，心から信頼できる友達関係を築こうとする2人の心情を様々な視点から捉える学習活動が適切に構成され，真の友情のよさや大切さについて考えを深める指導が展開されたかを振り返ることが大切です。

本時の流れ

	○学習活動	●教師の手だて　◇評価　※留意点
導入	○真の友情について考える。	●自分はどんな友達がほしいかを考えさせ，話し合いの方向性をつかむ。
	発問　あなたならどんな友達がほしいですか。	
	・何でも言える人。 ・わかり合える人。 ・楽しい人。	
展開	○条件・情況を確認する。 ○意見交流をする。	
	発問　どんな気持ちで啓介は康夫を見舞ったのでしょう。	
	・康夫の病気を喜ぶ自分が恥ずかしい。 ・はやく元気になってほしい。 ・２人の関係がこれで終わってもいいのだろうか。	【啓介の思いを考える】 ●ライバルの不慮の発病が，自分の利益になるという期待を抱いてしまう気持ちを振り払うように，明るくふるまいながら康夫を見舞う啓介の心の内を想像させる。
	発問　康夫の手紙にこめられた思いはどのようなものだったでしょう。	
	○手紙に託した康夫の，そしてそれを受け止めた啓介の，それぞれの思いを想像し，グループで話し合い，その後学級全体で意見交流をする。 ・啓介に冷たくしたのが恥ずかしい。 ・自分を励まそうとした啓介に謝りたい。 ・自分の分までがんばってほしい。 ・友達でいてほしい。	【康夫の思いを考える】 ●なぜ康夫は絶望的な気持ちを抱えながらも手紙を書いたか，その思いをしっかりと捉えさせるようにする。
	補助発問　康夫の「心との闘い」という言葉はどんなことを意味するのでしょう。	
	・嫉妬との闘い。 ・自分の弱さ，醜さを乗り越えること。	●手紙の中の「心との闘い」という言葉の意味を補助的に問い，手紙にこめられた思いに迫る。
	発問　手紙を読んだ啓介はどのようなことを思ったのでしょう。	
	・元気になったらまたライバルだ。 ・ずっと友達でいたい。 ・自分が康夫を支えていこう。	【啓介の思いを考える】 ●手紙を受け取った啓介の立場に立って心情を想像させる。
終末	発問　あなたは相手にとって，どんな友達でいたいですか。	
	○各自，道徳ノートに記入する。 ・高め合う。 ・信頼し合う。 ・励まし合う。	◇真の友情について多面的・多角的に考えることができたか。 ●本時の学習を通して，主体的にどのように友達と関わろうとするかを考えさせるようにする。

準備物

・道徳ノート

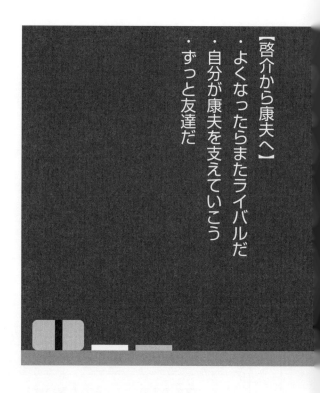

【啓介から康夫へ】
・よくなったらまたライバルだ
・自分が康夫を支えていこう
・ずっと友達だ

本時の実際

🖤 導入

　自分ならどんな友達がほしいかということを問うた時，自分にとって都合のよい関わりを友達と考えているようなケースがあります。また，単に「楽しい人」「趣味が同じ人」など切磋琢磨し合う関わりまでたどりつかない場合も多いです。そこで，友人の捉え方について事前にアンケートをとり，導入で紹介したものを，終末で「あなたは相手にとって，どんな友達でいたいですか」という発問へ切りかえていくことで，授業開始時と終了時に自分を見つめた時の変容を実感できるよう導入を設定しました。

　また，「本当の友情について今日は考えてみましょう」と，アンケート結果を紹介した後，学習テーマを提示し課題意識をもたせながら授業へと誘うこともできます。

🖤 展開

　啓介にも康夫にも，相手に対する嫉妬心や自分さえよければいいという他人の不幸を喜ぶような弱さ，醜さがあります。しかし２人はそれを乗り越え，啓介は康夫を見舞いました。そして冷淡な態度をとった康夫は啓介に手紙を書きます。２人を変えたものは何だったのでしょう。それぞれの立場に寄りそいながら，丁寧に心情をひもといていくことで，真の友情とはどのようなものであるかということの輪郭が見えてきます。

　見舞いに行った啓介と手紙を書いた康夫のそれぞれの思いをグループで話し合い，その後学級全体で意見交流をすることを通して，多面的・多角的な視点から「友情」というものを見つめることができました。「相手の存在があるからこそ，自分もここまでがんばれ

ライバル

◎啓介→康夫にいつも勝てない
　優勝への期待と康夫を思う気持ち
　重い心を引きずりながらも康夫を励ます

⇔

◎康夫→病気、長い期間泳げない
　見舞う啓介を冷たくあしらう

自分を見つめ直し、乗り越える2人の関係

【康夫から啓介へ】
〈たまらなく恥ずかしい〉
・啓介、ありがとう
・ずっと友達でいてほしい。助けてほしい
・自分の分までがんばって

「心との闘い」→嫉妬との闘い
　　　　　　　弱さを乗り越える闘い

た」という意見も多く出されました。まさに，「切磋琢磨」という言葉がぴったりの互いに高め合う存在としての関わりまで広く考えることができました。

康夫の手紙にこめられた思いに迫るため補助発問として「康夫の『心との闘い』という言葉はどんなことを意味するのでしょう」と問い，自分の弱さや醜さと真剣に向き合い，闘おうとしている康夫の心情を的確に捉えるようにしました。こうした自分をさらけ出すことのできる言葉は，康夫の啓介に対する信頼の証です。友達だからこそ言える言葉であることに気づかせることが大切です。

板書では，こうした啓介の心情や思考，康夫の心情や思考の流れが並列のかたちで視覚的にもわかりやすく捉えられるよう工夫しました。

● 終末

終末では，自分はどんな友達として存在したいかという，主体的な道徳的実践意欲と態度につながるような発問をしました。信頼できる友達，高め合う友達，磨き合う友達など，切磋琢磨し合い互いの成長を促す関係性へと発展した多様な意見が出されました。導入と終末で二度問いかけることで見方・考え方の変容も捉えることができました。また，終末の別の展開例としては，例えば自分とじっくりと向き合いながら道徳ノートに「友情」について書く活動を通じて考えを深めたり，啓介の立場に立ち，康夫に返信を書いてみたりするなど，多様な展開が可能です。友情に関わる楽曲をBGMとして流したり，詩を提示したりすることで，心情により訴えかけることもできます。

（石黒）

▶ 内容項目：B−(9)相互理解，寛容

なみだ
人の気持ちを慮って流す涙

掲載教科書
東書	学図	教出
光村	日文	学研
あかつき	日科	

ねらい
自分のためでなく人のために流す涙の意味と，相手の立場に立って考え行動することの意義を理解し，他人の悩みや苦しみを自分のことのように憂うという尊い営みを互いに積み重ねていこうとする道徳的心情を養う。

教材のあらすじと活用ポイント

　Ｓ君が動かした扉で指に大けがをした和美は，和美のつらい気持ちを思って涙を流したＳ君の母のことを考えて，すまない気持ちがあふれてきて泣きだします。それを知った母から「和美は優しいね」という言葉をかけられ，胸がいっぱいになるのでした。

　本教材には，内面的な表現が多数見られる一方で，和美のけがの状況や，母が和美の涙の意味を知った理由など，不明な点も散見されます。そのため，「寛容」には深入りせず，Ｓ君の母と和美のそれぞれが流した涙の意味と重さについて議論し，その後の和美の行為や学んだことを吟味して，「相互理解」について深めていくことにします。

「特別の教科　道徳」の授業づくりのポイント

　「読み取り道徳」は避けなければなりませんが，本教材のように重要な部分が教材に書かれている場合は，ある程度押さえていく必要があります。ただ，それだけでは道徳科の授業にはなりません。そこで，一案として比較対照を導入し，「和美のために流したＳ君の母の涙が，もし自分の息子の置かれた状況を案じて流れていたとしたら，どのような違いが生じたのか」を考えてみます。さらに，「Ｓ君とそのお母さんのために流した和美の涙が，もし流れていなかったとしたら，どのような違いが生じたのか」についても考えることにします。

評価のポイント

　比較対照しながら涙の意味や重さを多面的・多角的に理解したり，人生において大切な相互理解のすばらしさと難しさを，自分に置き換えて捉えたりしている点を評価します。

本時の流れ

	○学習活動	●教師の手だて　◇評価　※留意点
導入	○今までどんな時に涙を流したのかを考える。また，その涙の種類についても発表する。	●涙の種類は，喜び，嬉しさ，感謝，悲しみ，くやしさ，申し訳なさ，痛み，など。
展開	○教材を読む。 ○S君の母が涙した理由に気づいた場面で流した，和美の涙の意味を知る。	●その前提として，S君の母の言葉とこの時の和美の受け止め方を押さえておく。
	発問　みなさんは，この和美さんの心の変化をどう受け止めますか。（どんな心の持ち主ですか）	
	・やさしい　・思いやりがある　・素直 ・相手の立場を深く考えられる人 ・心の美しい人 ○【比較対照のための条件変更1】	※和美のすばらしさだけでなく，なかなかできることではない点も押さえたい。
	発問　和美さんのために流したS君の母の涙が，もし息子の置かれた立場を考え，それを少しでも改善しようとして流したものだったら，その後，どのような違いが生じたでしょうか。	
	・自己中心的で非礼な人にあたたかい態度はとれない。 ・和美の健気な気づかいはなかったかもしれない。 ○【比較対照のための条件変更2】	●異なる場面を想定し，それとの比較から，S君の母の流した涙のもつ力を際立たせる。
	発問　S君とそのお母さんのために流した和美さんの涙が，もし流れていなかったとしたら，その後，どのような違いが生じたでしょうか。	
	・S君がより深く責任を感じて，悩み苦しむ。 ・人間関係が冷えこみ，学校生活が一変する。	●異なる場面との比較対照から，和美が流した涙の意義を多面的・多角的に考える。
	発問　その後の和美さんがS君にとった態度のすばらしい点は何でしょうか。 　　　また，なかなか普段，そのような行動をするのが難しい理由は何でしょうか。	
	・相手の立場を第一に考え，共に幸せになる点。 ・人の喜びや悲しみに向き合おうとしないから。	◇理由に関しては，自分の日常や自分らしさを心で振り返りつつ記述させ，それを評価する。
	発問　この話を通して，あなたが学んだ「人生において大切なこと」とは何ですか。	
	・他者を理解したいとの思いが心と行動を変える。 ・双方向の慈しみがあたたかい関係と集団を構築する。	※この発問に対しても記述させ，それを評価に生かすこともできる。
終末	○ワークシートに記述した自分の意見をペアになって述べ合い，それに対する感想を伝え合う。	※相手に知られたくない情報は省略しつつ，口頭で伝え合うこととする。

準備物

・ワークシート

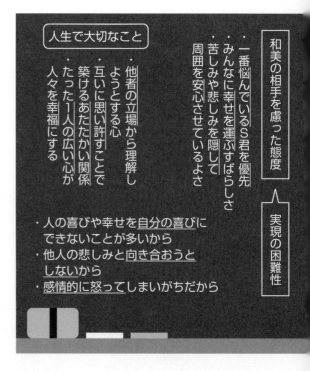

本時の実際

💠導入

涙を流した経験を想起させておき、それがどのような種類の涙なのかを発表させました。「嬉しさ・楽しすぎる時・笑い」というプラスの感情をともなう涙と、「悲しみ・痛み・苦しさ・くやしさ」というマイナスの感情をともなう涙の存在を確認することができました。

なお、涙を流した具体的な場面については深入りすることを避け、発表は控えることにして展開段階に入っていきました。

従って、時間的には３〜４分程度で終えることになりました。

💠展開

具体的な発問に入る前に、まず、Ｓ君の母の言葉と涙を、和美がどのように受け止めたのかを押さえました。

次に、和美は、Ｓ君の母が流した涙の本当の意味に気づき、涙を流すわけですが、この時の和美の涙の意味についても、対比的に押さえました。

こうしておいて、この和美の心の変化をどのように考え、どのように受け止めるのかを問いました。相手の立場に立てる心の美しいやさしい人であるという意見が数多く出るとともに、少数ですが「簡単そうで難しい」という感想も見られました。

ここから、２つの条件変更を行うことで、Ｓ君の母と和美が流した２人の涙の意味を浮き彫りにしていきます。

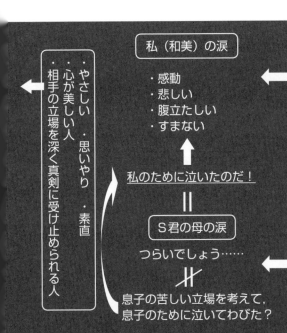

　1つは，S君の母の涙が，和美の最初の解釈通りの涙だったら，その後の場面の何が変わるのかということに関する議論です。

　もう1つは，和美が，S君の母の涙の真意を知っても涙を流さなかったら，何が変わるのかということに対する議論です。

　2つの議論の共通点として浮かび上がってきたのは，いずれの条件変更においても，重苦しい空気と冷えこんだ人間関係に結びつきやすい，という人生の真実でした。

　続いて，その後の和美がとった健気な行為のすばらしさに焦点を当てるとともに，普段はそうした行為がなかなか選択できない理由を，自己に照らしつつ記述させました。

　最後は，この話を通して「人生において大切なこと」を考えさせ，終末につなげました。

終末

　座席の前後でペアとなり，展開段階の最後の2つの発問に関する自分の意見について，短時間で交流することにしました。

　交流に際しては，書いた文章をそのまま読み上げてもよいし，要約して述べ合ってもよいことを伝えました。

　なお，本授業で特に指示したわけではありませんが，常に生徒に確認している留意点として，「交流場面で，自分の具体的な経験を伝えることには大きな意味があるが，話しづらい体験については，決して無理をして語らなくてもよい」というものがあります。

　ペアで意見を聴いたことに対して互いに感想を伝え合うことで，生徒自らが自己評価していく際の糧となるようにして，授業を終えました。

（荊木）

▶ 内容項目：C−(10)遵法精神，公徳心

掲載教科書：東書，学図，教出，光村，日文，学研，あかつき，日科

オーストリアのマス川
社会生活を支えるきまりの意義とは何か考えてみよう

ねらい
せっかく釣り上げたグレーリングをリリースするか迷う「僕」の気持ちを考えることを通して，社会生活における法やきまりの意義を理解し，きまりを守ることで誇りある心から納得できる心を育てる。

教材のあらすじと活用ポイント

　本教材は，釣り人の初釣りでの実体験を通して，きまりを守ることの意義と大切さを教えてくれる内容です。オーストリアの川で大きなグレーリングを釣り上げた「僕」は，解禁日が明日であることに気づき呆然とします。「せっかく釣ったのだから」「でも，きまりは守らなければ」と2つの考えの狭間で揺れ動く「僕」の心の内は誰でも体験することでしょう。魚を水中に放った勇気ある行動とともに，「ブラボー！」という声を聞いた時のくやしさと安堵感を通して，法やきまりを守ることの意義と大切さに迫ることができる教材です。

　この教材のよさを十分に生かすためには，冒頭から「僕」の心情を考えさせ，想像させていくことが大切です。「僕」の期待や喜び，葛藤などを上手に的確に捉えていくことによって，グレーリングを川にリリースしたことの意味の大きさを感じることができます。

「特別の教科　道徳」の授業づくりのポイント

　中心発問の話し合いを通して，単に罰を回避するためでなく，「僕」の中に「釣り人としての良心（義務・正義）」や「きまりをやぶりたくないという人間としての誇り」などが芽生え，それが魚を水中に放つ力となったことに気づかせることがポイントです。また，「ブラボー！」という声を聞き，きまりを遵守したことにより，鑑札を取り上げられることなく釣り人としての自由や誇りが保たれたことも理解させることが大切です。

評価のポイント

　生徒の発言や振り返りシートをもとに，他律的な考えではなく自律的な考えをもつことができる授業になったかどうかを評価します。

本時の流れ

	○学習活動	●教師の手だて　◇評価　※留意点
導入	○これまでの日常生活や学校生活の中で、きまりやルールについてどう考えてきたか振り返ってみる。	●日常生活や学校生活の中で、きまりやルールをどう受け止めていたか振り返り、自分のこととして考えられるようにする。 ※特に発言を求めず、各自が自己を振り返り、本時への意識づけができればよい。
展開	発問　オーストリアのマス釣りの漁区には、どんな制限があるのでしょうか。	
	○オーストリアのマス釣りの漁区における制限について理解する。 ○グレーリングの写真や映像を視聴する。	●魚の保護や釣りが楽しめるように「キャッチ＆リリース」「釣り場を汚さない」や魚によって「釣りができる時期や場所」が法律で定められていることを伝え、釣りの経験のない生徒にとっても、身近な問題として考えられるようにする。
	発問　美しい魚を手にした「僕」は、どんな気持ちでそれを見つめていたのでしょうか。	
	○意見を交換する。	●グレーリングは簡単に釣れない魚であることを十分に理解させ、釣り上げ興奮している「僕」の気持ちに共感できるようにする。そうすることで生徒が「僕」と自分を重ねて考えられるようにする。
	発問　今日が３月31日であったことを思い出してしばらくためらった「僕」は、どんなことを考えていたのでしょうか。	
	○付箋に自分の意見や考えをまとめ、それをもとにグループで意見を交換する。	●きまりを守らなければいけないとわかっていても、めずらしい魚を持ち帰りたいと思う気持ちは、人間誰しもがもつことであることにふれる。
	発問　しぶしぶながらも、どうして「僕」はグレーリングを放すことができたのでしょうか。	
	○付箋に自分の意見や考えをまとめ、それをもとにグループで意見を交換する。	●きまりを守ることを選択した「僕」と自分を重ねて考えられるようにする。
	発問　「ブラボー！」という声を聞いて複雑な気持ちを抱きながらも、「僕」が「まあよかった」と思ったのはどうしてでしょうか。	
	○意見を交換する。	●心の中の「残念だった」という落胆と「これでよかったんだ」というきまりを守るという価値の実現の喜びと人間としての誇りを保ったことに共感させる。 ●きまりを守るということは、自分自身の生き方へもつながることを確認する。
終末	発問　今日学んだことを振り返ってみましょう。	
	○振り返りシートに記入する。	●本時の学習を通して、新たに学んだことをまとめさせる。 ◇「僕」の心の中の葛藤を実感として受け止めることができたか。 ◇自分自身の問題と捉え、法やきまりを守ることの大切さを理解することができたか。

準備物

・グレーリングの写真
・ドライ・フライ／ウエットフライの写真
・グレーリングを釣る様子を撮影した映像
・振り返りシート

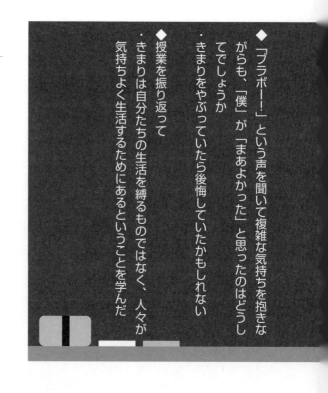

◆「ブラボー!」という声を聞いて複雑な気持ちを抱きながらも、「僕」が「まあよかった」と思ったのはどうしてでしょうか
・きまりをやぶっていたら後悔していたかもしれない
◆授業を振り返って
・きまりは自分たちの生活を縛るものではなく、人々が気持ちよく生活するためにあるということを学んだ

本時の実際

● 導入

社会の秩序を保ち，人々が気持ちよく暮らすために，世の中には法やルールがあります。それを生徒たちが身近な自分の日常生活や学校生活に引き寄せて考えられるように，生徒自身が振り返る場面を設定しました。

人間は，法やルールを守らなければいけないと表面的にはわかっていても，それができないことがあります。道徳の時間は，道徳的価値を行いとは切り離して，道徳的価値だけを自らの人生にとって大切なものとして受け止めさせる時間です。生徒指導的な学習になってはいけません。

そのため，ここでは発言を求めず，生徒が自分自身でこれまでの自分を振り返り，課題を意識できるようにしました。

● 展開

オーストリアのマス釣りの漁区には，どんな制限があるのか，また，グレーリングとはどんな魚で，実際の釣りの場面はどういうものであるか，より考えが深まるように，グレーリングなどの写真や映像を視聴できるようにしました。

グレーリングを釣り上げた時の「僕」の気持ちを考えさせる発問時には，大きな喜びを感じている「僕」の気持ちに共感させ，自分自身と重ねて考えられるようにしました。

次に「今日が３月31日であったことを思い出して……」と「しぶしぶながらも……」の発問時には，グループで意見を交換するようにしました。発言が苦手な生徒も自分の意見や考えをまとめることができるように，まずは付箋に自分の考えを書かせ，それをもとに

オーストリアのマス川

- オーストリアのマス釣りの漁区には、どんな制限があるのでしょうか
  - 釣り人がとってよい魚の大きさが決まっている
  - びくに収めてよい魚の数は1日合計15尾
  - 解禁日が決まっている
- 美しい魚を手にした「僕」は、どんな気持ちでそれを見つめていたのでしょうか
  - やったぁ。こんな立派なグレーリングが釣れるなんてラッキーだ
  - 嬉しいな。持ち帰ってみんなに自慢しよう
- 今日が3月31日であったことを思い出してしばらくためらった「僕」は、どんなことを考えていたのでしょうか
  - せっかく釣れたんだ。誰も見ていないからこのまま持ち帰ってもわからない
  - 残念だけど、やっぱりきまりを守らなくてはいけない
- しぶしぶながらも、どうして「僕」はグレーリングを放すことができたのでしょうか
  - きまりは守らなければいけない
  - ルールのもとで、好きな釣りをしているのだ
  - もし、違反が見つかって鑑札を没収されたら大変だ

終末

本時の学習を通して学んだことを振り返らせました。生徒からは「これまでの私は『僕』と同じように誰も見ていないのだから……と心のどこかで思ってしまうことがよくありました。でも、一方でそれはいけないことだよとささやく自分もいました。今日の学習を通して、人間には誰しも私のように弱い心があるってことが学べたし、一方できまりやルールは私たちの社会や生活を縛る窮屈なものではなく、人々が気持ちよく生活するために必要であるということがわかりました。わかってはいたことだけれど、納得して自分に課せられた義務を確実に果たしていこうという気持ちになりました」と自らの生活を振り返る考えや意見が多数見られました。

意見を交換し合いました。

生徒からは「せっかく釣れたし、誰も見ていないのだから、このまま持ち帰ってもわからないのではと思う気持ちがあったと思う。僕も鮎の稚魚を釣った時、本当はリリースしなくてはいけない大きさだったけど、はじめて釣れたし、誰も見ていないし……」と実体験を交えながら発言する姿が見られました。また、自分に課せられた義務を果たそうとした「僕」の心の葛藤ときまりを守った行為の原動力を理解させることが、ねらいに迫るポイントとなりました。

最後に「僕」がまあよかったと思った理由を考える場面では、きまりを守ったことが自分自身の生き方につながることを学ぶことができたように思います。

(松島)

▸ 内容項目：C−(10)遵法精神，公徳心

許さない心
気持ちをこめて

掲載教科書：東書／学図／教出／光村／日文／学研／あかつき／日科

> **ねらい**
> 「悪いことを悪いと言ってなぜいけないのですか」の言葉を支える思いについて深く議論し，自らの弱い心と向き合い，正しいことを正しいと主張できる社会を目指そうとする道徳的判断力を育てる。

教材のあらすじと活用ポイント

　町のお祭りで，他校の中学生が喫煙しているのを見かけ，同じクラスの男子生徒が注意したけれど反発され，けんかになりかけます。翌日，彼らは仕返しをしに学校にやってきましたが，教師が制止し，臨時の集会が開かれました。「私」は男子生徒の行為に賛同し，誇りに思います。ねぶた祭でも同様に，無軌道にふるまう２つのグループ間で傷害事件が起こります。「私」は，「けんかはやりたい連中がやればよい。少数の生徒が起こした事件で，真面目にやっている他の連中まで同じ目で見られるのは心外だ」との意見に，自分さえよければいいのかと憤ります。法律を守ることの意義について，当事者意識をもって考えさせたい教材です。

「特別の教科　道徳」の授業づくりのポイント

　「私」は，きまりが守られていないのに，自分さえよければそれを看過しようとする風潮に怒りを抱いています。きまりのもとで生活しているのですから，それが守られていないのであれば，当然，注意されるべきですが，現実は異なります。そこで，きまりが守られていない場面に身を置いた時，自分はどう行動するかを考えさせます。この場面を取り上げ，役割演技で表現させてみると効果的です。自らの弱い心と向き合いつつ，正しいことを正しいと主張できる社会を目指すためにも考えさせたいです。

評価のポイント

　法令遵守への理解が深まっても，道徳的実践に直結はしません。当事者意識をもって，自己内対話を生かしつつ，人間として自らの弱さと向き合い，それを乗り越えようとしているか，生徒自身が教材を自分事として考えられた授業だったかを評価します。

本時の流れ

	○学習活動	●教師の手だて　◇評価　※留意点
導入	○法やルールが自分自身や他者の生活や権利を守るためにあることを，経験と照合しながら考える。	●ルールがあることで，自分自身が守られていると感じることや経験を問う。
	発問　ルールは何のためにあるのでしょうか。	
展開	○教材の範読を聞き，境内の暗がりでタバコを吸っている生徒に声をかけた男子生徒の思いに迫る。	●役割演技（4人1組）に取り組ませ，全員に声をかける場面を体験させる。
	発問　境内の暗がりで，タバコを吸っている生徒を見かけて声をかける場面を，役割演技しましょう。役割を交代して，4人とも声をかける場面に取り組みましょう。	
	○喫煙を注意しなければという思いと，わずらわしいことにまきこまれたくないという弱い心との葛藤を追体験する。 ○自分が関係していないことへの無関心さが社会を暗くしていくことから，参画意識の大切さに気づく。	※喫煙を注意したら反発される場面は固定にし，それ以外は自由に判断し表現させる。 ●伝えるべきことを，当事者意識をもって，きちんと主張することの大切さを知らせる。
	発問　「悪いことを悪いと言ってなぜいけないのですか」という意見を支える，強い思いとは何でしょうか。	
	○グループで意見を出し合い，議論を深める。 ・ルールを守るのは当然であり，注意するべきだ。 ・誰もが安心して生活しやすい社会を目指したい。 ・自分さえよければではなく，社会を形成する一員としての参画意識が大切である。	●法令遵守には，社会を構成する1人としての自覚が求められることを伝える。
終末	発問　本教材を通した気づきを踏まえながら，振り返りをワークシートに整理してみましょう。	
	○本時のまとめをする。	●発表では，授業を通して気づいたことを，自分の言葉で丁寧に表現するように伝える。

準備物

・喫煙を注意し口論になっている様子の場面絵
・ホワイトボード（グループごとに）
・ワークシート

本時の実際

🌑 導入

身の回りの生活を振り返り，ルールによって守られていると実感できることを考えます。生徒には，ルールがわずらわしく受け止められる場合があります。例えば，彼らにとって身近なルールである校則は，守らされているという認識が強いです。それはルールの存在意義でもある，学校生活の充実に寄与するためのものであるとの理解が乏しいことからきています。そもそもルールは社会を構成する全員に関わることから，参画意識をもってルールづくりの段階から取り組みたいものです。ルールが社会を維持するために必要不可欠なものであることに対する生徒一人ひとりの認識を高めます。また本時で扱う教材への関心を高めるとともに，生徒自身に対する関心も高めさせたいです。

🌑 展開

教材の範読を聞き，男子生徒の苦悩に共感し，その思いへと近づけます。境内の暗がりで喫煙する中学生を見かけ，男子生徒が声をかける場面を取り上げ，4人1組で役割演技に取り組みます。場面状況をきちんと理解したうえで，喫煙する中学生と声かけをする男子生徒の立場に身を置き，演技に入ります。

様々な展開が予想されます。場合によっては，声にならない声かけも想定されます。本授業では全員で取り組む授業形態をとります。その一方で，ステージで代表の演者（4人1組）に取り組んでもらい，教師が進行状況に応じてストップをかけるなどして，観衆（周りの仲間）と共同で役割演技を創り上げて学び合うスタイルもあります。いずれも，取り組んでみての気づきを相互に交換し共有する

許さない心

喫煙を注意し口論になっている様子の場面絵

○ルールは何のために
・互いに気持ちよく生活するための基準
・公平・公正に関わり合う
・自分自身を守ってくれる
・自由や権利を守ってくれる
・みんなが守ることで役立つ

喫煙を見かけた男子生徒の葛藤

もめたくないなぁ、怖いなぁ…弱い心
喫煙を注意しなければ…使命感・責任

役割演技

悪いことを悪いと言ってなぜいけないのか
・ルールを守ることは当然。注意するべきだ
・心地よく生活しやすい社会の実現を目指すために
・自分さえよければではなく、社会の一員としての参画意識が大切である

ことで、道徳的理解から道徳的実践へと押し上げられます。

中心発問では「悪いことを悪いと言ってなぜいけないのですか」という意見を支える強い思いについて考えさせます。人はややもすると自らに直接影響がなければ、わずらわしい関わりを回避してしまうことがあります。これは社会の一員であるという当事者意識が低いことも影響しています。いわゆる弱い心が表面化した場合、こうした事態に陥る傾向にあります。そこで教師は、こうした自己内対話を尊重する反面、教材の男子生徒の動きや、ねぶた祭でのエピソードを活用しながら、それでも社会で生きているのだから社会をよりよくしていくことの大切さへの気づきを促したいです。

●終末

法やきまりが自分自身や他者の生活や権利を守るためにあること、それを遵守することが、規律ある安定した社会の実現につながることを再認識できる時間としたいです。

役割演技を通して、理屈のうえでは理解できているのに、道徳的実践としての行動がともなわないことの壁に気づくのではないでしょうか。具体的な状況に身を置いたと仮定すると、現実的には、躊躇したり見過ごしたりと、自らの弱い側面が露呈することもあり得ます。本音でこうした意見を出し合い、他者の考えに学ぶ時間として位置づけます。

社会の一員として、法を守らないことを看過するのではなく、当事者意識をもって、声かけをするなどの行為として具現化することが肝要です。

(松岡)

▶ 内容項目：C−(11)公正，公平，社会正義

わたしのせいじゃない
正義の実現を目指す社会の在り方について考えよう

掲載教科書：東書／学図／教出／光村／日文／学研／あかつき／日科

ねらい
登場する子どもたちの言動から，自分には関係ないと言って，知らないふりをすることのおかしさに気づき，どんな行動をとることが正義なのか，問題を解決するために自分にできることはないかを考える態度を育てる。

教材のあらすじと活用ポイント

　泣いている子を囲んで，子どもたちが，何があったかは知っているが，自分には関係ないと言いわけをする場面が続く話です。教材の最後に，戦争や飢餓の様子を伝える写真が載っており，「わたしのせいじゃない」と言って知らないふりをしている先にどんな大きな問題が待っているかを私たちに訴えかける内容になっています。子どもたちがそれぞれ自分には関係ないと言う場面は，生徒自身がその言動の問題点や不条理に気づきやすく，指摘しやすい状況になっています。自分自身の生活を振り返り，無責任な言動をとっていることはないか，自分にできることはないかを考えさせることができます。

「特別の教科　道徳」の授業づくりのポイント

　教材は「わたしのせいじゃない」という視点から話が続いていきます。そこで，それぞれの言動の問題点を指摘した後に，教材の最後の写真を見せ，知らないふりや関心のないふりをすることの恐ろしさに気づかせます。その後「わたしのせいかもしれない」という視点で，話をつくり直していきます。「わたしのせいじゃない」からはじまる話と「わたしのせいかもしれない」からはじまる話を比較することで，「わたしのせいかもしれない」と考えていった方が問題の解決につながり，みんなが嫌な気持ちにならなくてよいことに気づくことができます。

評価のポイント

　学習プリントや振り返りシートをもとに，知らないふりをすることのおかしさに気づくことができたか，自分自身に置き換えて問題を解決するために，自分にできることはないかを考えて行動することの大切さに気づくことができたかを読み取り，評価を行っていきます。

本時の流れ

	○学習活動	●教師の手だて ◇評価 ※留意点
導入	○普段の学校生活を振り返る。 ・落ちているごみを拾うようにお願いされると…… ・授業中に私語で注意された時……	●「私のごみじゃないのに……」「私だけじゃないのに……」とよく生徒が言葉にする場面を想起させる。
展開	○教材を読む。	●最後の写真の場面を除いて，教材を読んでいく。
	【めあて】 登場する子どもたちの言動を通して，正義とは何かを考えよう。	
	発問　子どもたちの発言を読んでどう思いましたか。	
	Aさん：何があったのかは，見ていたのでは？ B君　：されている方は，もっと怖かったのでは？ Cさん：止められなくても，他にできることがあったのでは？ D君　：普通って何？　それが理由になるの？ E君　：叫ばなくても，どうしてほしいかはわかるのでは？	●それぞれの発言を聞いて，どう思ったか，泣いている子はどう思っているかを考えさせる。 ●個人で考えた後，班で交流させて考えを深めさせる。その後，全体で意見を交流させる。
	発問　みんなが「わたしのせいじゃない」と言っていますが，このままだとどうなりますか。	
	・いじめが続いて，もっとひどくなる。 ・他の人もいじめられるようになる。 ・このクラスに居づらくなる。	●意見を聞いた後，教材の最後の写真を見せて，「わたしのせいじゃない」がどうなっていくかを考えさせる。
	発問　「わたしのせいかもしれない。……」に続けて，子どもたちそれぞれのセリフをつくってみましょう。	
	Aさん：どうしたのって聞いてあげればよかった。 B君　：私が誰かに助けを求めればよかった。 Cさん：私が先生を呼びに行くことはできたのに。 D君　：みんなと違うことは悪いことではない。 E君　：怖さをわかってあげられなくてごめん。	●個人で考えた後，班で交流させて考えを深めさせる。その後，全体で意見を交流させる。
終末	○「わたしのせいじゃない」と「わたしのせいかもしれない」を比べてみて，考えたことをまとめる。 ○今日考えたこと，感じたことを振り返りシートにまとめる。	◇自分にできることはないか，正しい行動や考え方は何かを考えて行動することの大切さに気づく。

準備物

- 子どもたちの絵
- 学習プリント
- 振り返りシート

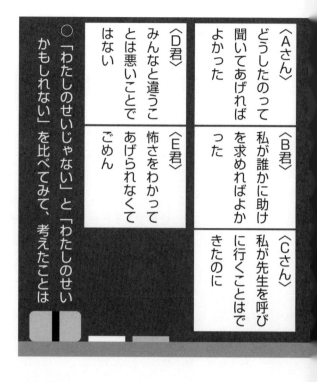

〈Aさん〉どうしたのって聞いてあげればよかった

〈Bさん〉私が誰かに助けを求めればよかった

〈Cさん〉私が先生を呼びに行くことはできたのに

〈D君〉みんなと違うことは悪いことではない

〈E君〉怖さをわかってあげられなくてごめん

○「わたしのせいじゃない」と「わたしのせいかもしれない」を比べてみて、考えたことは

本時の実際

● 導入

　はじめに，普段の学校生活の中で，落ちているごみを拾うように言われた時や，授業中に私語で注意された時のことを想起させました。「みんなは，どんなふうに答えていますか」と何人かの生徒に投げかけました。その後，「『私のごみじゃありません』と言って拾うのを嫌がる人がいます。また，『私だけじゃないのに，○○さんだって……』と言いわけをする人もいます」と言うと気まずそうな顔をする生徒がいました。「今日は，みんなが普段気づかないうちに，何気なく使うことがある『わたしのせいじゃない』という言葉からはじまる教材を紹介します。『わたしのせいじゃない』のどこが問題なのかを一緒に考えていきましょう」と教材を提示しました。

● 展開

　最後の写真の場面を除いた教材を読んだ後，子どもたちの発言を聞いてどう思ったかを考えさせました。泣いている子の立場になって考えており，それぞれの言動のおかしさや無責任さを責める発言が多く出されました。班での交流になると，「こんなこと言ってひどいよねー」とか「私もそう思う」といった具合に活発に意見交流ができていました。その後，「このままだと泣いている子はどうなりますか」と投げかけると，「このクラスに居づらくなる」や「学校を休むようになる」といった意見が出されました。次に教材に出てくる3枚の写真を紹介しました。「『わたしのせいじゃない』と言っている先にあるのが，この状況です」と説明すると静まりかえりました。そこで，教材に戻り，どんなふうにこ

わたしのせいじゃない

【めあて】
登場する子どもたちの言動を通して、正義とは何かを考えよう

○それぞれの言動に対して思うことは

〈Aさん〉
何があったのかは、見ていたのでは？

〈Bさん〉
されている方は、止められなくてもっと怖かったのでは？

〈Cさん〉
叫ばなくても、他にできることがあったのでは？

〈D君〉
普通って何？それが理由になるの？

〈E君〉
叫ばなくても、どうしてほしいかはわかるのでは？

○このまま何もしないでいると……
・いじめが続いて、もっとひどくなる
・何も解決しない

| 教材の最後の写真 |
| 教材の最後の写真 |
| 教材の最後の写真 |

○「わたしのせいかもしれない。……」に続けて、それぞれのセリフをつくってみよう

の問題に向き合う必要があるのかを考えさせました。その際，子どもたちのセリフを「わたしのせいかもしれない」に続けてつくってみようと活動を促しました。前半の活動で，自分たちが指摘したことを生かしながら，セリフをつくることができていました。

班での交流になると「どんなことを書いた？」「この言葉はいいよね」といった感じで話し合いが行われました。前半の怒ったような話し合いに比べて，後半の話し合いは，やさしい感じの話し合いになっていました。責任をなすりつけ合うよりも，自分に悪いところはなかったかと考える方が，嫌な雰囲気にならなくてよいことを感じることができたのではないかと思います。

● 終末

「わたしのせいじゃない」と「わたしのせいかもしれない」の内容を比べてみて考えたことを発表させました。「わたしのせいかもしれない」の方が「みんながやさしい気持ちになれる」「泣いている子もみじめじゃなくなる」「これならみんなで解決できる」といった意見が出されました。最後に，3枚の写真を含めて，普段の自分を見つめ直し，今日の学習で考えたことや感じたことを振り返りシートにまとめさせました。「大きな問題になる前に，小さなうちに自分からできることをしていくことの大切さを学びました」「人のせいにするのは簡単だけれど，それでは何も解決しないことがわかりました」といった感想がありました。

（本屋敷）

▶ 内容項目：C−(11)公正，公平，社会正義

掲載教科書：東書／学図／教出／光村／日文／学研／あかつき／日科

クロスプレー
私心にとらわれない公正な在り方を見つめてみよう

ねらい
「僕」が本塁に突入したことでクロスプレーとなった時の野球の審判をした警察官の判定について考えることを通して，正しさを信じ，私心にとらわれず，公正に判断していこうとする道徳的実践意欲を高める。

教材のあらすじと活用ポイント

「僕」たちから審判を依頼された警察官は，的確に審判を進める中，技術指導まではじめます。試合は1点差を追う最終回になり，「僕」はかろうじて塁に出て二盗三盗を決め，ピッチャーゴロの間に本塁に突入しますが，審判からアウトの判定を受けました。審判をした警察官が，「僕」のすべりこみをセーフであってほしいと願っていたにもかかわらず，一瞬，間をおいてでもアウトと判定したのはなぜなのかを考えていくことが本教材のポイントです。そして，同時に「できる人」について考えていくことでねらいに近づけます。

「特別の教科　道徳」の授業づくりのポイント

本教材で考えるべきことは，野球をしている最中に生じたクロスプレーの判定についてです。「僕」は，その判定がタッチアウトだと認識しています。ですが，チームメイトがセーフだと口々に言っている中で「僕」は何も言わず黙っていました。

授業では，「僕」がなぜ黙っていたのか，「できる人」とはどのような人なのかを話し合いを通して考えていくことになります。さらに，自分事として捉えていくことが大切であることから，ねらいとする公正，公平について，これからの自分の生活の中でどのように生かしていくのかを考えていくことが重要です。

評価のポイント

本時のねらいの公正，公平などの道徳的価値が真に生徒に身についていくことが道徳科の目指すところです。そして，その道徳的価値が生活の中で生かされていくことが望まれます。そこでワークシートの記述文から，実践化への意欲づけが図られた授業であったかを評価します。

本時の流れ

	○学習活動	●教師の手だて　◇評価　※留意点
導入	○クロスプレーの説明を聞き，その意味を知る。 発問　野球でのクロスプレーとは，どのようなことなのでしょうか。	●クロスプレーとはどのようなことなのかを問い，説明をする。 ※野球などの経験のある生徒がいれば，その生徒が説明してもよい。
展開	○範読に合わせ黙読し，教材の内容を把握する。 発問　チームメイトはセーフだと言っているのに，どうして「僕」は黙っているのでしょうか。 ○ペアトーク，学級全体での意見交流。 発問　「できる人」とはどんな人のことなのでしょうか。 ○小集団による意見交流。 ○ワークシートに自分の考えを記入する。 ○学級全体での意見交流。	●教材の範読。 ●ペアトークの活動を取り入れ，その後，学級での話し合い活動を行う。 ●4人程度の小集団活動を取り入れる。 ●ワークシートへの記入を促す。その後，学級での話し合い活動を行う。
終末	発問　今日の授業で学んだこと（公正，公平）を生活の中でどのように生かしていきますか。 ○ワークシートに記入する。 ○自分の考えを発表する。	●公正，公平さを自分の生活の中でどのように実現していくのかを問う。 ●ワークシートへの記入を促す。 ●記述したことの発表を促す。 ※数名の発表にとどめる。 ◇ワークシートの記述から意欲化が図られたかを確認する。

準備物

・ワークシート

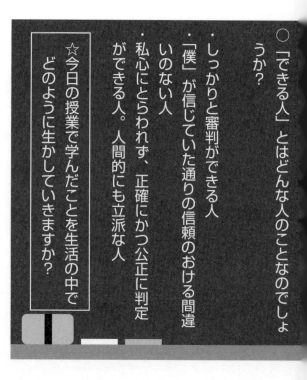

○「できる人」とはどんな人のことなのでしょうか?
・しっかりと審判ができる人
・「僕」が信じていた通りの信頼のおける間違いのない人
・私心にとらわれず、正確にかつ公正に判定ができる人。人間的にも立派な人

☆今日の授業で学んだことを生活の中でどのように生かしていきますか?

本時の実際

● 導入

　道徳科の導入においては、ねらいとする道徳的価値に関わる事柄を話題として取り上げることがあります。例えば、友情を扱う授業では「友達がいてよかった時はどんな時ですか?」「友達とはどんな人のことですか?」「友情とは?」などと問います。一方で、ねらいとする道徳的価値に関わる事柄を問うのではなく、教材中の内容に関する事柄を問うことで、これからはじまる授業への関心を高めていく方法もあります。

　本授業では、後者の手立てを導入としました。クロスプレーの意味を知ることから、教材に対する興味・関心の喚起を図りたいと考えました。野球部やソフトボール部に所属している生徒がいれば、その生徒に説明してもらうことも効果的です。

● 展開

　教材の範読後、なぜ黙っていたのかについて発問をして、ペアトークを行いました。ペアトークを行った意図は、2人1組になると相手に自分の考えを伝えなければならず、必然的に自分で考え、自分の意見をもたなければならないからです。また、ペアトークは相手の話を傾聴する態度の育成にも役立ちます。ペアトーク後、クラスで話し合ったところ、「黙っていたのはアウトの判定が正しいと確信していたから。私心にとらわれない判定をした警察官に好印象を抱いたから」といった意見が出ました。また「アウトになった『僕』をなぐさめる意味で言ってくれたので、その気づかいに反論することは失礼だと思い黙っていた」と友達のことを思いやって黙っていたという意見もありました。

クロスプレーとは？

野球などで、一瞬アウトかセーフか判定を迷うような、きわどいプレー

○チームメイトはセーフだと言っているのに、どうして「僕」は黙っているのでしょうか？

・黙っていたのは、アウトの判定が正しいと確信していたから
・私心にとらわれない判定をした警察官に好印象を抱いたから
・アウトになった「僕」をなぐさめる意味で言ってくれたので、その気づかいに反論することは失礼だと思ったから

次に、「できる人」とはどのような人なのかについて4人グループで話し合いました。本授業では展開の最初にペアトークを取り入れています。ペアトークは相手に自分の考えを伝えなければならないので、自分の考えをもつ意味では効果的ですが、多くの他者の考えを取り入れ多面的・多角的に考えることについては課題があります。

そこで、多面的・多角的な見方をしていくために、4人グループでの話し合いを取り入れました。そして、考えをまとめる意味でワークシートに記入し、これをもとに学級全体で話し合いを行いました。4人グループでの話し合いやワークシートの活用により、「できる人」とは「しっかりと審判ができる人」「正確にかつ公正に判定ができる人。人間的にも立派な人」などの発言が続きました。

● 終末

終末では、授業で学んだ公正、公平の道徳的価値を生活の中でどのように生かしていったらよいかについて考えました。道徳科は直接的な道徳的行為の表出を意図しているわけではありませんが、道徳的行為の実現に向けて意欲化を図ることは大切なことです。そこで「今日学んだ公正、公平を生活の中でどのように生かしていくのか」を問い、実践への意欲化を図りました。生徒の発言やワークシートの記述には「利害にとらわれず正しいことは正しいこととして判断したい。正しいことと間違っていることの判断を的確に行いたい」や、人間関係に言及して「偏見をなくし平等に接し、みんなと仲良くなりたい」とあり、実生活との関わりで実践への意欲化を図ることができました。

（富岡）

▶ 内容項目：C−(11)公正，公平，社会正義

掲載教科書
東書	学図	教出
光村	日文	学研
あかつき	日科	

リスペクト　アザース
個性を尊重する社会

ねらい

自分以外の人のことを尊重しようとする「リスペクト　アザース」という言葉の意味について考えさせることで，他者を理解し，誰に対しても公正，公平に接しようとする態度を育てる。

教材のあらすじと活用ポイント

　第32回全国中学生人権作文コンテストに応募された中学３年生の作文をもとにした教材です。日本人の両親とともに10歳までアメリカで生活した筆者は，そこで「リスペクト　アザース」という言葉と出会います。帰国後，日本にはこのような言葉がなかったため，周囲の反応の違いにとまどい，あらためて言葉の意味を問い返します。そこでアメリカにおける人種差別の歴史がこの言葉の背景にあることに気づくのです。差別のない公正，公平な社会の実現を目指していくことの大切さを学ばせたい教材です。

「特別の教科　道徳」の授業づくりのポイント

　中学２年生の時期は，少しずつ視野も広がり，身近な事柄から広く社会への関心をもちはじめる時期です。普段何気なく当たり前に生活している中で，周囲の価値観に流され，そのことに疑問をもちながらも，自分の思いを主張できないこともあるのではないでしょうか。「リスペクト　アザース」という言葉そのものは生徒たちにとってあまりなじみのないものかもしれません。小集団などを活用し，その意味などについて十分な話し合い活動によって自分の考えを自由に表現させたり，仲間の言葉に耳を傾けさせたりするようにしたいと思います。

評価のポイント

　まず，「リスペクト　アザース」という言葉の意味を自分なりに理解しているか，そして普段の生活での自分の姿を振り返りながら，「他者」について考えているかを見取ります。また，文化の違いのみならず，人には立場や考え方の違いがあることに気づかせます。そして，他者との違いを積極的に理解しようとする態度や意欲をノートの言葉などから評価していきます。

本時の流れ

	○学習活動	●教師の手だて　◇評価　※留意点
導入		●タイトルを板書する。
	発問　「リスペクト　アザース（respect others）」とは，どんな意味でしょう。	
	・尊敬する，思いやるという意味。 ・他人のこと。	●生徒たちにとっては，あまりなじみのない言葉だと思われるので，あらかじめ辞書などで調べさせてもよい。
展開	【テーマ】　人と接する時に大切にしなければならないこと。	
	○教材を読んで考える。	●中学生の作文であることを伝える。
	発問　アメリカから転校してきた「僕」は，自分がうまくできたことをみんなに伝えた時，「自慢だ」と言われてしまいました。その時，「僕」はどんなことを考えたでしょう。	
	・なんでそんなふうに言われるのだろう。 ・日本では，自分は認めてもらえないのだろうか。	●場面絵や資料を活用する。 ●「自己表現」は「自己中心的」ではないということに気づかせたい。
	補助発問　アメリカと日本の小学校の違いは何でしょう。なぜ，違ったのでしょう。	
	・習慣が違う。 ・日本では，みんなが同じようになるように気をつかっている。 ・他の人を尊重する雰囲気の有無。 ・アメリカには様々な人種の人がいるからだ。	●どんな時でも認め合うことが基本であることに気づかせる。 ●習慣の違いが考え方の違いになっていることに気づかせる。 ●アメリカには，人種差別の歴史があり，それがもとにあることを知らせたい。
	発問　「人権尊重の社会を作っていくのは，僕たちひとりひとりの考え方による」と言った「僕」は，どんな思いでいたのでしょう。	
	補助発問　「僕」が考えるようなすばらしい社会にするためには，どうすればいいでしょう。	
	○生活班で話し合った後，全体で話し合う。	●「僕」にしっかりと自我関与させる。 ●お互いを尊重し合うことをもとに，自分たちの生活に置き換えて考えさせたい。
終末	○今日の授業を振り返る。	
	発問　今日の授業で学んだこと，気づいたことを書きましょう。	
	○説話または教科書のユニット（または「私たちの道徳」）を活用する。	※「一人ひとりが誰に対しても，変わらない心で接することの大切さ」を生徒たち自身の言葉で表現させたい。

準備物

・ICT 機器
・ワークシート
・「私たちの道徳」

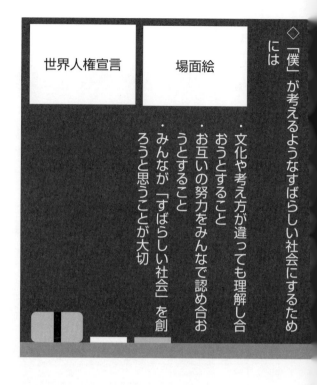

◇「僕」が考えるようなすばらしい社会にするには
・文化や考え方が違っても理解し合おうとすること
・お互いの努力をみんなで認め合おうとすること
・みんなが「すばらしい社会」を創ろうと思うことが大切

本時の実際

● 導入

　教材のタイトルでもある「リスペクト　アザース」という言葉は，中学生にはあまりなじみがないものでしょう。そこで，その意味を全体で考えることから本時の学びをはじめることにしました。実際に生徒たちに辞書などを用いて調べさせてもよいので，まず「単語の意味」を把握させ，そのうえで言葉本来のもつ意味を考えさせます。また，本教材が自分たちと同じ中学生が書いた作文であることにもふれ，学校生活の中で起こるかもしれない身近な問題（自分事）として捉えられるようにしたいと思います。社会科や他の教科の授業でも，人権問題について学習することがあります。それら既習事項を想起させたり，友達との関係で大切にしていることを語らせたりしてもよいでしょう。

● 展開

　授業のテーマは，「人と接する時に大切にしなければならないこと」としました。教材の範読からはじめましたが，多くの生徒たちは日本とアメリカの違いを問われても，なかなか思いつかないのではないでしょうか。そこで他教科で学んだことなどを，ヒントとなるような資料として準備しました。

　最初に，「僕」がアメリカの学校とのギャップにとまどう場面について問い，日本とアメリカの違いについて考える視点を示しました。「僕」の考えではあるけれど，個性を前面に出すことをよしとするアメリカと，周囲に合わせることをよしとする日本の文化には差があります。また「仲間への侮辱」と捉えられるようなことを平然と「冗談」としていることにも焦点を当て，人権教育の視点から

リスペクト アザース

○「リスペクト アザース」とは?
・リスペクト…尊敬する、思いやる
・アザース…他人のこと

[場面絵]

◇「自慢だ」
……友達から言われてしまった
・なんでそんなふうに言われるのだろう
・日本では、自分は認められないのかな

▽「アメリカと日本の小学校の違いは何?」
・習慣が違うんだ
・日本では、みんなが同じようになるように気をつかっている
・他の人を尊重しようとする雰囲気

◎「人権尊重の社会を作っていくのは、僕たちひとりひとりの考え方による」と言った「僕」の思いは……
・一人ひとり、みんなが相手のことを尊重しようとすることが大切
・お互いの気持ちを考え合うことが大切
・クラスの友達にも、自分と違っていることがあるんだ

も、生徒たちに考えさせるように取り組みました。じっくりと話し合わせたいので小集団活動などを取り入れながら、できるだけたくさんの意見にふれられるよう工夫するとともに、自己を語る場面を多く取り入れるようにしました。アメリカにも人種差別に関わる不幸な歴史があって、そのことが「リスペクト アザース」という言葉を生み出すもととなっています。中心発問は「人権尊重の社会をつくっていくための個人の考え方」に焦点を当てました。「僕」が考える大切なこととは、生徒が自分自身を重ねて考えることでもあるはずです。具体的な方法を考えるよう教師がコーディネートしながら問いを重ねることで、「相手を理解し尊重し合うことの大切さ」に気づかせていきたいと思います。

● 終末

今日の授業についての学びを振り返る場としてワークシートを用意し、授業を通して考えたことについて記述させました。生徒たちは、普段何気なく話していることが、視点を変えてみると、仲間を傷つけてしまうことにつながることに気がつきました。本時で取り上げたテーマは、「いじめ問題への対応」としても位置づけることができます。教科書でも複数の教材を配置し、重点的に取り組むように構成されているので、46ページなどを活用しながらさらに考えを深めることもできました。展開後段で「すばらしい社会にするために」という視点を与えていますが、自分自身の言葉で今後の生き方についての思いを記すことができれば、道徳的実践へとつなげることができるのではないでしょうか。（大舘）

▶ 内容項目：C-(12)社会参画，公共の精神

加山さんの願い
公共の精神をもってよりよい社会の実現につくすとは

掲載教科書：東書 学図 教出 光村 日文 学研 あかつき 日科

ねらい
真のボランティアは相手の立場に立って考えることからはじめることを理解し，共に支え合う活動を通して，公共の福祉と社会の発展につくす実践意欲を育てる。

教材のあらすじと活用ポイント

　ひとり暮らしの老人の孤独死に心を痛めた加山さんは，訪問ボランティアをはじめます。しかし，簡単だと思っていたこの仕事が一筋縄ではいかないことを知ります。訪問した2人の老人を通して加山さんが自らの認識の誤りに気づいていく姿から，ねらいに迫ることができます。加山さんの「してあげる」という目線が，「当たり前のことをする」という受け手と同じ立場の目線に変わった時，世話をする側とされる側の互いの心が通じ合います。加山さんの心の変化に着目しながら，私たちは人々を支えてあげているのではなく，互いに支え合いながら生きているということに気づかせ，公共の福祉のためにつくそうとする心を育てたいです。

「特別の教科　道徳」の授業づくりのポイント

　訪問した2人の老人を通して，互いに一人の人間として向き合うことの大切さに気づき，加山さんが自らの認識の誤りに気づいていく姿について，生徒への問い返しを通して深く考えさせることで，ねらいに迫っていくことができると考えます。加山さんの心情に共感することを通して話し合いを進めていくことで，一人ひとりがもっている「誰かの役に立ちたい」という気持ちを深めていくことができます。

評価のポイント

　人や世の中のために何かを為す時に「してあげる（上から目線）」「してあげなければならない（義務）」「過剰過多な配慮（逆差別）」などの考え方は，「相手の立場に立って考えた」といううつもりになっているだけであり，真の奉仕の心は「相手の身になって考える」ということであることに気づき理解を深める授業になったか，発言や振り返りシートから確認します。

本時の流れ

	○学習活動	●教師の手だて　◇評価　※留意点
導入	○今までの体験を振り返り,「奉仕」について意識する。	●日常生活や学校生活の中で体験したことを振り返り,自分のこととして考えられるようにする。 ●発言がない場合は,例を提示し,課題を意識させたい。
	発問　相手が喜ぶと思ってしてあげたことが,思ったほど喜ばれなかったり,逆に相手を不快な気持ちにさせてしまったりしたことはないでしょうか。	
展開	○教材を読む。	
	発問　加山さん,中井さん,田中さんはどんな人でしょうか。	
	○話の流れや,加山さん,中井さん,田中さんの人物像を理解する。	●発問を通して内容や人物像を理解できるようにする。 ●それぞれの人物について,なぜそう思うのか問い返し,人物についての理解を深める。
	発問　中井さんが加山さんに心を開くようになったのはなぜでしょうか。	
	○加山さんに心を開いた中井さんの気持ちを考える。	●「何がきっかけになったのか」「どうして心を開いていなかったのか」「中井さんはどうしてほしかったのか」を問い返し,相手に対して,まずは「自分が心を開くこと」「対等な立場で自然に接すること」が大切だということに気づけるようにする。
	発問　加山さんは雨の中で傘を持ったまま何を考え続けたのでしょうか。	
	○付箋に自分の意見や考えをまとめ,それをもとにグループで意見を交換する。 ○クラス全体で,各グループから出てきた意見を共有する。	●加山さんの気持ちの変化に気づかせ,心から相手と接する時に必要なことは何か,加山さんと自分を重ねて考えさせるようにする。 ※友達の思いや考えを大事に受け止めるよう配慮する。
終末	発問　今日学んだことを振り返ってみましょう。	
	○振り返りシートに記入する。	●本時の学習を通して,新たに学んだことをまとめさせる。 ◇無意識に抱く差別意識について気づくことができたか。 ◇自分自身の問題として捉え,これからの日常生活や学校生活の中で,「奉仕」の心を役立てたいという意識を高めることができたか。

準備物

- 加山さん・中井さん・田中さんの絵
- 振り返りシート

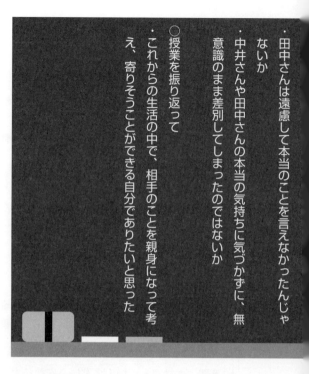

・田中さんは遠慮して本当のことを言えなかったんじゃないか
・中井さんや田中さんの本当の気持ちに気づかずに、無意識のまま差別してしまったのではないか
○授業を振り返って
・これからの生活の中で、相手のことを親身になって考え、寄りそうことができる自分でありたいと思った

本時の実際

● 導入

日常生活の中では，相手を思いよかれと思ってやってみたことがさほど喜ばれず，かえって迷惑だと思われてしまうことに当惑することがあります。なぜ相手がそう捉えたのかわからないまま気持ちが落ちこみ，怒りすら感じてしまうことがあります。そうした場合，人間には「してあげた」「してあげたのだから喜ぶべきだ」という「頭ごなし」の意識が芽生えてしまいます。生徒の中にも日常生活や学校生活の中で同じような思いを体験した者が少なからずいます。社会の中で真の善意が働き，人々が手と手を取り合って，気持ちよく暮らせる世の中が大切です。そこで，生徒たちが身近な自分の日常生活や学校生活に引き寄せて考えられるように，生徒自身の体験を振り返る場面を設定しました。

● 展開

まず，教材を読んだ後，話の内容や加山さん，中井さん，田中さんの人物を理解する発問をしました。加山さんについては「いい人」「我慢強い人」と評価するだけでなく，中井さんの不愛想な態度にあきらめず根気強く関わる努力する人，田中さんは加山の好意に申し訳ない気持ちでいっぱいな人，中井さんは他人の援助をわずらわしいと感じる人など，三者三様の考え方で対人関係がうまくかみ合わない現実をつくっていたことに気づかせたいと考えました。

加山さんに対して中井さんが心を開くようになったのはなぜだろうかという発問の場面では，「自分から心を開くこと」「対等な立場で自然に接することが大切であること」に気づいていってほしいと考えました。生徒から

加山さんの願い

○相手が喜ぶと思ってしてあげたことが、思ったほど喜ばれなかったり、逆に相手を不快な気持ちにさせてしまったりしたことはないでしょうか
・重たそうだったので荷物を持ってあげたのに嬉しそうじゃなかった
・席を譲ったのに迷惑そうだった

加山さんの絵
・やさしい人 ・親切な人 ・我慢強い人

中井さんの絵
・無愛想 ・頑固な人 ・怒りっぽい人

田中さんの絵
・おだやかな人 ・遠慮深い人

○中井さんが加山さんに心を開くようになったのはなぜでしょうか
・ありきたりの会話ではなくて、自分の身のうえ話をしたことが、自然と打ち解けるきっかけになったと思う

○加山さんは雨の中で傘を持ったまま何を考え続けたのでしょうか
・田中さんに対して、気づかないうちに上から目線でものを言っていたんじゃないか

加山さんが雨の中で傘を持ったまま何を考え続けたのかを考える場面では，加山さんの姿と，自分のこれまでの体験を重ね合わせて考えている生徒の姿が見られました。「福祉施設に行って歌を歌った時，お年寄りにきてくれるのならちゃんと歌を歌ってほしいと言われたことがあります。歌ってやっているという気持ちがどこかにあり，お年寄りのみなさんの大事な時間をいただいているということや気持ちなどを考えていなかったことに気づかされ，なぜ，あんなふうに言われたのか，今やっとわかりました」と自分の体験を振り返り，相手の立場に立って考えていたつもりだったことを自覚することができました。

は「ありきたりな会話ではなく自分の身のうえ話をしたことが自然と打ち解けるきっかけになったと思う」などの発言がありました。

● 終末

本時の学習を通して学んだことを振り返らせました。生徒からは，「障がいのある方々の施設で行われたお祭りのお手伝いに行った時，右手が不自由な人にかわってジュースをコップに注いであげようとしたが，とても不機嫌な顔をされ，手伝ってやっているんだから喜ぶべきだろうと思った。でも，今日の学習を通して，気づかないうちに抱いてしまっている差別意識が自分にあることに気づかされました。これからの生活の中で，『相手のことを親身になって考え，寄りそうことができる自分でありたい』と思いました」と，自分の体験を振り返りながら心の変容に気づき，よりよい社会の実現のために努めていこうと考えた生徒がいました。その発言に対し励ましの声かけをしました。

(松島)

▶ 内容項目：C −(13)勤労

そうじの神様が教えてくれたこと
働くということ

掲載教科書：東書／学図／教出／光村／**日文**／学研／あかつき／日科

ねらい
「勤労」は，個人の生活の維持だけでなく，社会生活の発展・向上にもつながる重要なものである。「僕」の仕事に対する学びを通して考えが変化する姿から，自らの「勤労」に対する考え方の視点を個から社会へと広げ，その意義を理解させたい。

教材のあらすじと活用ポイント

　生徒たちにとって，誰もが憧れ，一度は行ってみたいと思う東京ディズニーランド。その華やかなイメージに憧れて就職した「僕」が実際に配属されたのは，夜間に施設の清掃をする部門でした。思い描いていたイメージとのギャップに思い悩む「僕」。開園を3か月後に控えた頃，アメリカから指導のために初代カストーディアルマネージャーのチャック・ボヤージン氏が来日します。その仕事ぶりを見て，「僕」たちは仕事に対する思いを変化させていくのでした。ディズニーランドがみんなの夢の国として成り立つために，「そうじ」という自分たちの仕事も施設全体を運営するチームとして大切なことを学んでいきます。

「特別の教科　道徳」の授業づくりのポイント

　中学2年生は，多くの学校で職場体験学習が行われる時期です。学校を離れて実際の職場で体験したことを基盤として，「勤労」という価値についてしっかりと学ばせたいものです。「そうじ」という一見簡単そうに見える活動が，実は個々の幸せだけでなく社会貢献につながっていることを，「僕」と生徒たち自身の体験を重ねて考えさせます。そして，「公共の福祉や社会の発展」という考え方に発展させていきたいと思います。

評価のポイント

　「働くこと」は収入を得るためだけのものではありません。社会貢献にもつながっているのです。どんな仕事も支え合う中で行われていることに気づかせることが，正しい勤労観を身につけさせることにつながります。「僕」の学びを自分事として捉え，将来への意欲をもつことができた授業になっていたかを積極的に評価します。

本時の流れ

	○学習活動	●教師の手だて　◇評価　※留意点
導入	○ディズニーリゾートと働くキャストの紹介を聞く。	●実際の写真などを提示するのもよい。
	発問　今日は,「働くということ」について考えてみましょう。	
	○「キャスト」という言葉の意味を考える。	●生徒たちにとって親しみのある場所で,関心も高い。職場体験学習の写真などを活用して自分たちの体験を想起させるとよい。
展開	○教材の範読を聞いて,話し合う。	
	発問　キャストとしての仕事が「そうじ」になった時,「僕」はどんな気持ちだったでしょう。	
	・せっかく就職できたのに。 ・いつか変わるかも。 ・とにかく,今は我慢するしかない。 ・就職できただけでも,よしとしなければ。	●自分の希望していた仕事と違うことで落胆している「僕」に共感させる。 ●そうじを簡単な仕事だと考えていることを感じ取らせたい。
	発問　「落ちたポップコーンを食べられるか」と言われた時,「僕」はどんなことを考えたでしょう。	
	・地面に落ちたものなんて食べられるわけがない。 ・そんなところまできれいにするのは難しい。 ・たくさんの人がくるのに,そんなにきれいにするなんて,とても無理だ。	●最初からあきらめてしまっている「僕」たちの姿に注目させる。 ●自分の仕事に満足していない姿に気づかせる。
	発問　「僕」たちそうじのキャストは,神様から何を学んだのでしょう。	
	補助発問　神様のトイレ掃除を見て,「僕」たちは何を考えたのでしょう。	
	・どんな仕事でも,それぞれの力が合わせられてこそ,「夢の国」として成立している。 ・意味のない仕事など存在しない。 ・どんな仕事でも,社会のために貢献している。	●チーム全員が協力することでディズニーランドが夢の国として成り立っていることに気づかせる。 ●それぞれの部門(仕事)の力を結集することこそ重要であることに気づかせる。 ●仕事に対する喜びに気づく。
終末	○今日の授業を振り返る。	●ワークシートなどを活用する。
	発問　今日の授業で学んだこと,気づいたことを書きましょう。	
	○教師の説話を聞く。	●教師自身の職業観,現在の仕事に対しての思いを語ることで,生徒たちに勤労についてもう一度考えさせたい。

準備物

・ディズニーリゾートの写真
・様々な種類のキャストの写真
・職場体験学習でのアンケート結果や写真
・ワークシート

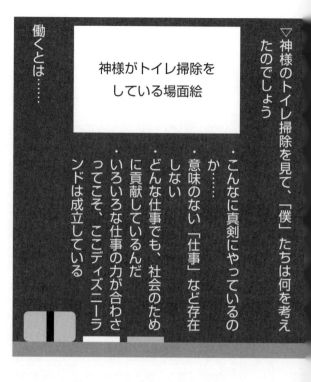

▷神様のトイレ掃除を見て、「僕」たちは何を考えたのでしょう

働くとは……

・こんなに真剣にやっているのか……
・意味のない「仕事」など存在しない
・どんな仕事でも、社会のために貢献しているんだ
・いろいろな仕事の力が合わさってこそ、ここディズニーランドは成立している

本時の実際

❤導入

　ディズニーリゾートは、中学生にとっては憧れのテーマパークの1つです。訪れた経験がある生徒たちも多いことでしょう。本教材はまさに、その憧れの地が舞台となっています。そこで、ディズニーリゾートの代表的な場所や有名なアトラクションの写真を示して、それとともに、そこで働いているキャストの仕事についても、具体的にそのいくつかを紹介することにしました。

　また、中学校では主に2年生で、職場体験学習を実施することが多いようです。よって、「仕事」について何らかの体験をし、自分の思いをもっている生徒も多いと思われます。そこで、あわせて自身の職場体験学習での様子を振り返らせることを、本時のテーマについて考える手だての1つとしました。

❤展開

　ディズニーランドという夢の国に憧れて就職した「僕」。しかし、配属された部門はパークのそうじを担当するところでした。そこでまず、「僕」が理想として描いていた仕事とのギャップにネガティブな感情をもってしまったことに共感させます。また、「そうじ」という一見簡単そうに見える仕事に対して、あまり意義を見出せない「僕」の姿についても理解させました。

　次に、自分の仕事に不満を抱えながら取り組んでいる「僕」は、知らず知らずのうちに仕事に対する情熱を失っていることに気づかせました。「落ちたポップコーンを食べられるか」と神様から問われた時、最初から「無理だ」と考えるのは、仕事に対する姿勢に大きな開きがあることに起因することに気づか

そうじの神様が教えてくれたこと

「働くということ」について考えてみましょう

○「キャスト」としての仕事が「そうじ」になった時、「僕」はどんな気持ちだったでしょう
・自分の理想と違った失望感
・こんな仕事をするために就職したんじゃない
・就職できただけでもよしとしなければ……
・いつかは変わるかもしれない

| 将来の希望アンケートなど |
| ディズニーリゾートの写真 |
| キャストたちの様子の写真 |

▽「落ちたポップコーンを食べられるか」と言われた時、「僕」はどんなことを考えたでしょう
・落ちたものなんて食べられるわけがない
・とても無理だ
・そんなところまできれいにするなんて……

ポップコーンと美しい園内の様子の写真

◎「僕」たちそうじのキャストは、神様から何を学んだのでしょう

せたいと考えました。

中心発問では、「僕」たちと神様のそうじに対する考え方の相違点に気づかせることからはじめます。そもそも、そうじを「汚れてからする」と考えるのと「汚さないためにする」と考えるのでは、大きな違いが生じているからです。神様がそうじする姿を目の当たりにして、その迫力ある取り組み方や真摯な姿勢から、仕事に対する考え方が変わっていくことに気づかせるのがねらいです。また、仕事が様々な人々の手によって成り立っていることにも注目させる必要があります。ディズニーランドが様々なキャストによって成立しているのと同様に、社会には様々な職業が存在し、それらがすべて人々のためにあるという「社会貢献」の面への気づきにつなげていくことができたらと思います。

● 終末

この教材を通して学んだことを、道徳ノートやワークシートなどでしっかりと振り返らせます。そもそも生徒たち全員が、自分が望んだ職業に就けるとは限りません。しかし、希望しない仕事であっても、社会の一員として大切な役割を担っていることにかわりはないのです。それぞれが与えられた職業から喜びを感じられるようになることが大切で、本教材で勤労の意義について、学びの第一歩を踏み出せるとよいと思います。その際、特別活動や総合的な学習の時間との関連も大切にしていきたいものです。説話として、教師が自らの職業観を語ることも大切な学びになります。自らが感じている喜びが生徒たちの何によって与えられているかを知らせることも、この時期の大切な学びでしょう。　（大舘）

▶ 内容項目：C－(14)家族愛，家庭生活の充実

ごめんね，おばあちゃん
家族との関わりについて考えよう

掲載教科書

東書	学図	教出
光村	日文	学研
あかつき	日科	

ねらい

年老いた祖母との関わりについて問題解決的に考えることを通して，家族のことを大切にして生活しようとする道徳的実践意欲を高める。

教材のあらすじと活用ポイント

　本教材「ごめんね，おばあちゃん」は，これまで世話をしてくれていた祖母が年老いたことにとまどいを感じている「ぼく」が，骨折して入院した祖母との交流を通して，家族との関わりについて考えるという教材です。

　祖母に対する態度を父から注意され，心が波立つ「ぼく」の姿から，祖母の変化を受け止められず，いらだちを感じている心情について考えます。それを踏まえ，退院後の祖母とはどのように関わればよいのかを問題解決的に考えることができます。

「特別の教科　道徳」の授業づくりのポイント

　本教材には，年老いた祖母の変化にとまどう「ぼく」の様子が描かれています。すでに家庭において，このような祖父母の姿を見た経験のある生徒もいるでしょう。そうではない生徒も，今後見ることになるのかもしれません。

　導入で，家族に対していらだちを覚えた経験を振り返ることで，本時の活動を自分事として捉えられるようにします。教材を読み，祖父母にいらだちを感じている「ぼく」の心情について理解を深めた後，退院後の祖母とどのように関わればよいのかを問題解決的に考えます。それによって，よりよい家族との関わりについて自我関与しながら考えることができます。

評価のポイント

　記入した振り返りシートをもとに，自分の立場からのみ不満を募らせるような一面的な捉えから，問題解決的な学習を経て，多面的に捉えようとしている様子などが見られる授業となっていたかを評価します。その後，内容を学級全体で共有していくことが望ましいと考えます。

本時の流れ

	○学習活動	●教師の手だて　◇評価　※留意点
導入	○家族との関わり方を振り返る。	●家庭において、両親や祖父母、下の兄弟などに対して、不満やいらだちを感じてしまうことはあるかを振り返らせる。 ※全員が答えやすいように、「ある」「ない」で挙手させる。 ●家族にイライラしている主人公を扱う本時の教材への興味を高める。
	発問　家族に対して、イライラしてしまうことはありますか。	
展開	発問　なぜ「ぼく」は、父に返事をした時に心がおだやかでなかったのでしょう。	
	○教材を読んで「ぼく」の心情について考える。 ○意見交流をする。	●祖母が年老いてしまったことがわかっているのに、それでも父の言葉に納得できずにいる「ぼく」の心情を考えることで、祖母の変化を受け止められず、いらだちを感じている心情についての理解を深める。
	発問　退院後のおばあちゃんとは、どのように関わればよいでしょう。	
	○「ぼく」の立場になって、問題解決的に考える。 ○意見交流をする。	●自分が「ぼく」の立場ならばどのように関わるとよいのか、またどのようなことを意識しながら祖母と生活するとよいのかについて、問題解決的に考える。
	発問　家族と幸せに暮らすために、どんなことが大切なのでしょう。	
	○中学2年生の生活について考える。	●家族に対していらだってしまうことがあることを踏まえ、どのように家族と関わることが大切なのかを考えさせる。
終末	○振り返りシートに記入する。	◇これまでの話し合いで考えてきたことを踏まえて、自分なら今後どのような生活をしていきたいかという自分なりの納得解を書かせる。

準備物

・振り返りシート

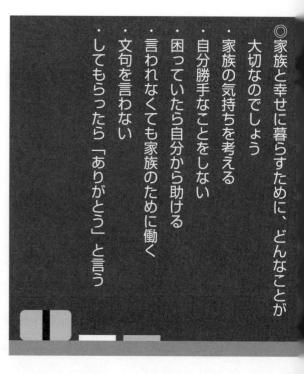

◎家族と幸せに暮らすために、どんなことが大切なのでしょう
・家族の気持ちを考える
・自分勝手なことをしない
・困っていたら自分から助ける
・言われなくても家族のために働く
・文句を言わない
・してもらったら「ありがとう」と言う

本時の実際

♥導入

授業のはじめに、現在の家族との関わりを振り返らせるため、「家族に対して、イライラしてしまうことはあるか」ということを生徒たちに問いかけます。

自立の意識が芽生えはじめた生徒たちは、小学校時代と比べて、自分でもよくわからない感情につき動かされ、保護者に対して反抗する態度を見せるようになりやすいです。

それを振り返っておけば、年老いた祖母に対していらだつ主人公が出てくる教材を提示した時に、自分事として教材の内容に臨むことができるようになります。

♥展開

教材を読み、「なぜ『ぼく』は、父に返事をした時に心がおだやかでなかったのか」について考えます。

導入で振り返った、自身が家族に対して感じているいらだちを踏まえて、「ぼく」の心情への理解を深めさせたいですね。

生徒たちは「ぼく」の心情について考える際、自分の家庭生活についても振り返りながら、「明君のものを壊しても知らん顔をされたから」「妹のやつあたりをされたように感じたから」「実際に自分が迷惑しているのにしかられたから」などのような意見を出すと思われます。

それを踏まえて、「退院後のおばあちゃんとは、どのように関わればよいでしょう」と問題解決的に問いかけます。

家族との関わりについて考えよう
ごめんね、おばあちゃん

◎なぜ「ぼく」は、父に返事をした時に心がおだやかでなかったのでしょう
・ものを壊しても知らん顔をされた
・妹のやつあたりをされた
・迷惑しているのにしかられた
・べつに悪いことはしていない
・父の言うことに納得できない

◎退院後のおばあちゃんとは、どのように関わればよいでしょう
・やさしくする
・「ありがとう」と言う
・大声を出さないようにする
・妹が怒っていたら止める
・けがをしないように見ておく

祖母の涙を見て「ごめんね」とつぶやいた「ぼく」の心情と、祖母へ抱くいらだちに対して、退院後はどのように折り合いをつけて祖母と関わるとよいのか。思春期特有の矛盾したようないらだちを抱えながら家族と関わっている生徒は、自分事として「ぼく」の問題について考えるでしょう。

そして、導入で問うた家族へのいらだちの振り返りとつなげながら、「家族と幸せに暮らすために、どんなことが大切なのでしょう」と問いかけます。

生徒からは、自分の関わり方の問題点を踏まえ、よりよい家族との関わり方について考えた意見が多く出てくることでしょう。

● 終末

授業の終末に、振り返りシートに記入をさせます。

ただ感想を書かせるのではなく、「これまでに、自分が経験したことや考えてきたこと」と比較させながら、本時の学びを振り返らせたいですね。

生徒からは、「これまで自分は、なんとなくイライラして無視したり、怒ったりすることがあったが、今日考えたことを生かして、家族とよい生活ができるようにしたい」といった振り返りが出ると思われます。

（中野）

▶ 内容項目：C-(15)よりよい学校生活，集団生活の充実

掲載教科書：東書／学図／教出／光村／日文／学研／あかつき／日科

ハイタッチがくれたもの
私たちでつくる校風

ねらい

集団で協力し合う大切さに気づく学習を通して，狭い仲間意識を超え，よりよい校風をつくろうとする道徳的実践意欲を育てる。

教材のあらすじと活用ポイント

　裕司は生徒会長として，いじめのない学校づくりのために「ハイタッチの日」を提案しますが賛成を得られません。そんな折，所属する部活動の試合で，チーム全員がハイタッチで喜び合う体験をし，新たな気持ちで再び提案しようと決意するという内容です。

　活用のポイントは，狭い仲間意識を超え，互いの信頼を築きサポートする気持ちが，よりよい校風づくりやいじめのない学校づくりにつながることに気づかせるという教材の特徴を生かすことです。学校は社会生活の1つの単位として，生徒一人ひとりが役割と責任を果たす場で独自の校風があります。人間関係の希薄化が問題とされる今日，中学時代に人間関係を深め協力し合い，尊敬や感謝の気持ちを抱くことが大切です。

「特別の教科　道徳」の授業づくりのポイント

　中学生の時期は，相互理解を深め人間的な成長をとげていく時期です。部活動や学校行事などでの集団への所属意識を通して，尊敬や感謝の気持ちを抱く機会もあります。しかし自分が所属する集団のみに目が向くと，自分たちと無縁と思われる集団に無関心になります。自己中心的な考え方や狭い仲間意識を超え，互いに理解し協力し合ってよりよい学校をつくろうとする道徳的実践意欲を育てる工夫が大切です。

評価のポイント

　ねらいについては，自己中心的な考え方や狭い仲間意識を超え，互いに理解し協力し合ってよい学校をつくることへの意欲的な発言や記述を確認します。指導内容では，問い返しや深める発問から多面的・多角的に自分の問題として深く考えた態度や発言などを捉えていきます。

本時の流れ

	○学習活動	●教師の手だて　◇評価　※留意点
導入	○中学校の生徒会が取り組んだ「いじめへの取り組み」の紹介を聞く。	※福岡市の小・中学校の代表者による「いじめゼロサミット」など，同じ中学生の取り組みを紹介し，取り組みへの問題意識をもたせる。
	発問　「いじめゼロサミット」とは，どのような取り組みなのでしょうか。	
展開	○教材「ハイタッチがくれたもの」を読み，考える。 ○意見交流をする。	●中学生の自分たちでも取り組むことができることがあることを知り，実践への意欲化を促す。
	発問　「誰も賛成してくれなかった時」，裕司の気持ちはどんなものだったのでしょう。 　　　そして「みんな大切な仲間だ」と感じた裕司は，どんなことに気づいたのでしょう。	
	・ハイタッチがチームをつないでくれた。 ・ハイタッチすることで大切な仲間であることを実感できた。	●やる気になればできる関係になれることに気づかせる。
	発問　裕司がもう一度ハイタッチの日を提案しようと決心できたのは，どんな思いからでしょう。	
	・補助発問「狭い仲間意識を超えるとは，どういうことでしょうか」などについて考え，自分自身を振り返る。	◇裕司の決心について，自分の問題として考え，発言や記述している点を評価する。
終末	発問　学校のよさや伝統を後輩たちに伝えていくには，どうしたらよいでしょうか。	
	○教師の説話を聞く。 ○プラットホーム（補助教材：コラム）を活用し，自校のいじめ対策の取り組みを知る。 ○道徳ノート（振り返りシート）に記入する。	◇自校でも教材と同様の取り組みが行われていることを理解し，自分事として，自分にプラスワンの発想で実践意欲をもった点を評価する。

準備物

- 福岡市の小・中学校の代表者による「いじめゼロサミット」など，同じ中学生の取り組みを紹介する資料
（東京都東大和市立第一中学校の「いじめゼロ宣言」，滋賀県草津市立玉川中学校の「心のプロペラ集会」でのいじめの寸劇からのいじめへの具体的な取り組み，など）
- ICT機器（写真や映像対応）
- 道徳ノート（振り返りシート）

◎裕司がもう一度ハイタッチの日を提案しようと決心できたのは
・ハイタッチの大切さ
・学校のよさをさらにハイタッチ運動で広げていこう
○学校のよさや伝統を後輩たちに伝えていくにはみんなの意見を大切にし，みんなで話し合って進める
・先輩や学校の歴史を知りさらに前へと進む

本時の実際

🌑 導入

いじめについては，生命に関わるような悲惨な事件が今でも報告されているという実態があります。この時期の中学生は，発達段階から，いじめは許されないことであることは頭では理解しています。また，多くの生徒に加害者や被害者の経験もあります。しかし，いじめは人間として決して許されないことや具体的にどう問題を解決するべきかについては迷いやとまどいがあります。導入では，いじめゼロサミットに取り組んでいる中学生がいることを紹介し，いじめ問題への問題意識を明らかにします。特に被害者がトラウマなどでよりよい人生を歩むことが困難になる事例を紹介することも必要です。いじめは個人だけでなく，常に集団で考える必要のある重要な問題だと気づかせます。

🌑 展開

中心人物である裕司は，一度は挫折したハイタッチの日を再度提案しようと決心します。これはどんな思いからなのか，生徒一人ひとりが自分事として何ができるかを考えられるような展開が重要です。

バレーボールの困難な試合に勝利した体験を通して，「みんな大切な仲間だ」と強く感じた裕司という人間に注目させていくことが大切です。特に生徒が自分事として考えていくために，個々の考えをもとに話し合いに入る前に，行事や部活動の試合などでの困難なことをみんなで克服した経験を共有したところ，「負けると思った試合で，みんなで声をかけ合って仲間を信じ合ったところ僅差で勝てた」などの発言がありました。また，がんばった運動会について言及する発言もありま

私たちでつくる校風「ハイタッチがくれたもの」

○「いじめゼロサミット」とは

| いじめゼロ サミットの場面絵 | 何のためにはじめた？ |

○誰も賛成してくれなかった時裕司の気持ちは？
・なんで賛成してくれないんだ
・本当にできるのだろうか、心配だ

○裕司が「みんな大切な仲間だ」と感じた時

| バレーボールの試合でハイタッチしている場面絵 |
・ハイタッチで元気になれる
・ハイタッチすることで、大切な仲間だと実感

[「裕司」の心の変化は？]

した。そして，教材の内容把握とともに，自分の考えや体験をもとに仲間と議論していくことを大切に，話し合いの焦点を「なぜ再提案しようと決心できたのか」と明確にしました。そしてグループで話し合わせたところ，「バレーボールの試合でハイタッチが有効と自他共に納得できた」「いじめ問題の解決はみんなで進めていくことが大切と強く思った」など，裕司の真意を捉えた意見が出ました。また，道徳ノートの記述にも同様の評価したい価値のある記述がありました。

グループで議論している時，ハイタッチをしているペアがいました。お互いに笑顔でハイタッチし合いながら，有効性を確かめているようでした。展開の工夫として，ハイタッチの動作化，または言葉を交わしながらの役割演技も有効だと思われました。

●終末

よりよい学校生活，集団生活の充実という内容項目では，個々の具体的な問題意識が重要です。よりよい校風をつくろうとする道徳的実践意欲の育成というねらいのために，「学校のよさや伝統を後輩たちに伝えていく」という発問から具体的な内容を考えさせたところ，「一致団結していく信頼感のある我々を大切にしよう」などのキャッチコピーが出されました。また，学級や学年で目指すよりよい集団づくりについて，目標プラカードや横断幕を工夫してつくりたいという意見も出されました。終末では，集団の在り方についての具体的な提案というまとめも大切です。個々の生徒の道徳的実践意欲を深めるために本教材のような困難を主体的に解決していく意志や覚悟を大切にしたいものです。（鈴木）

▶ 内容項目：C－(16)郷土の伝統と文化の尊重，郷土を愛する態度

私の町
ふるさとを思う心

掲載教科書

東書	学図	教出
光村	日文	学研
あかつき	日科	

ねらい
郷土の伝統と文化を大切にし，郷土の発展に尽力した先人への尊敬の念を深め，自分の住む地域や郷土を愛する心情を育てる。

教材のあらすじと活用ポイント

「私」の住んでいる町には380年以上も前から続いている「村上大祭」があります。この伝統行事の他にも，都市計画に従って古い町屋が取り壊されようとした時，「町おこし」として企画された「町屋の人形さま巡り」があります。ある日，「私」は観光客から声をかけられ，「町屋はあたたかくて心が落ちつきます。町屋に住めるなんてうらやましい」と言われ，家の中がいつもと違って見えました。友達は，もっと便利で住みやすい町になってほしいと言います。しかし「私」は，「おしゃぎり」が勇壮に小町坂を駆け上り，町屋小路の中を練り歩くこの町の風景が好きです。活用ポイントとしては，「私」も以前は古い町屋が好きになれず，何度か母親に不満をぶつけたこともありましたが，なぜ，その気持ちが変わったのかを考えさせることが大切な押さえどころとなります。

「特別の教科　道徳」の授業づくりのポイント

中心発問をどこに設定するかを考えることが授業づくりの一番のポイントです。本教材の主人公は，最初は自分の家である町屋が好きになれませんでしたが，観光客の思いを聞いた後，少し考えが変わりました。また，「おしゃぎり」が解体されてトラックで運ばれる写真を見て，複雑な気持ちを抱きました。このような点が中心発問のポイントになるでしょう。

評価のポイント

振り返りシートに記入することを「授業のはじめに思っていたこと」と「友達の考えを聞きながら，授業後にどんなふうに考えたか」というようにします。それをもとに最初は生活班などの4名の班で話し合いをし，それをさらに学級全体で共有するようにします。

本時の流れ

	○学習活動	●教師の手だて　◇評価　※留意点
導入	○自分の住む地域の伝統や文化について発表する。 【学習課題】　自分たちが住んでいる地域（郷土）にもっともっと愛着をもつためには，今の自分がどんな見方や考え方をもつことが大切か。	●パワーポイントなどを使い，地域の伝統や文化に関わる写真などを見せる。
展開	○教材の範読を聞く。 発問　「私」が観光客に声をかけられた後，家の中の梁と柱がいつもと違って見えたのはどうしてでしょうか。 ○観光客の言葉をあらためて確認する。 ○意見交流をする。 発問　解体された「おしゃぎり」がトラックで運ばれる写真を見た時，「私」はどうして複雑な気持ちになったのでしょうか。 ○意見交流をする。 発問　「『おしゃぎり』が小町坂を駆け上り，町屋小路の中を練り歩く村上の町の風景が好きだ」という「私」が今大切にしたい思いや願いは何でしょうか。 ○意見交流をする。 【学んだこと】　郷土の伝統や文化を大切にし，郷土の発展に尽力した先人に尊敬の念をもち，自分も地域（郷土）の一員であることを強く意識することが大切である。 ○今の自分はこう考えて生活しているか考える。 ○振り返りシートに記入する。	●教師が「読みの視点」を与え範読する。 ●「私」の中の考えが変わりつつあることを押さえる。 ●揺れ動く「私」の気持ちに共感させるとともに，「私」の気持ちが変化していったことを押さえる。 ●「私」の郷土愛が高まったことを押さえる。 ●把握した価値をしっかり確認し，じっくりと振り返らせる。
終末	○教師の説話を聞く。	●ねらいに関わる教師の体験談などを心をこめて語る。

準備物

・ICT 機器
・振り返りシート

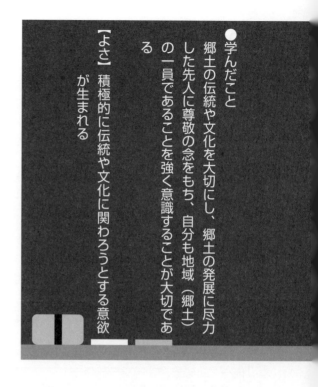

●学んだこと
郷土の伝統や文化を大切にし、郷土の発展に尽力した先人に尊敬の念をもち、自分も地域（郷土）の一員であることを強く意識することが大切である

【よさ】積極的に伝統や文化に関わろうとする意欲が生まれる

本時の実際

● 導入

　導入段階は，主題（ねらいと教材）に対して問題意識をもたせたり，教材の内容に対して興味や関心をもたせることがポイントになります。特に内容項目である「郷土の伝統と文化」は生徒が興味・関心をもちにくい内容です。そこで，今回は全国の伝統的なお祭りや日本の文化をパワーポイントで映像として見せることを考えました。実際に見せたお祭りは，「青森ねぶた祭」「三社祭」「祇園祭」，日本の文化としては，「枯山水」「着物・浴衣」「下駄」「扇子」「風呂敷」「十二単」などを紹介しました。生徒からは「おー」という声があがっていました。そこで導入として，「みなさんの地域には，どんな伝統や文化がありますか」と学習課題につなげる発問をしました。

● 展開

　教材を読む前に，次のような読みの視点を生徒たちに与えました。「『私』の住む町には380年以上も前から続いている『村上大祭』というお祭りや，『町屋の人形さま巡り』などがあります。『私』は以前は，暗くて不便な古い町屋が恥ずかしく，モデルハウスのようなおしゃれな家に住む友達をとてもうらやましく思っていて，何度か母親に不満をぶつけたこともありました。しかし，あることをきっかけにしてその気持ちが変わってきました。どうして変わったのか考えながら聞いてください」

　生徒たちは，この読みの視点を聞くことで，何がきっかけで変わったのか真剣に考えながら聞いていました。この視点を与えることで，授業に対する心がまえや授業に対する取り組

テーマ 郷土の伝統と文化

教材「私の町」

【学習課題】
自分たちが住んでいる地域（郷土）にもっともっと愛着をもつためには、今の自分がどんな見方や考え方をもつことが大切か

観光客に声をかけられる絵	解体された「おしゃぎり」がトラックで運ばれる絵	「おしゃぎり」が勇壮に小町坂を駆け上る絵
「私」が観光客に声をかけられた後、家の中の梁と柱がいつもと違って見えたのはどうしてでしょうか ・自分の町のよさをあらためて知ったから	解体された「おしゃぎり」がトラックで運ばれる写真を見た時、「私」はどうして複雑な気持ちになったのでしょうか ・この町の大切なものが失われてしまうのではないかという思い	「おしゃぎり」が小町坂を駆け上り、町屋小路の中を練り歩く村上の町の風景が好きだ」という「私」が今大切にしたい思いや願いは何でしょうか ・この町のよさを私たちが守っていくとともにしっかりと受け継いでいかなくてはという強い思いや願い

みの姿勢が大きく変わります。

教師の範読後に、教師から「『私』の気持ちが変わっていくきっかけとなったのは何だと思う」という発問をしたところ、「観光客に声をかけられたこと」「解体された『おしゃぎり』がトラックで運ばれる写真を見たこと」などの意見が次々に出されました。そこで、授業計画通りの発問を順番にしていきました。生徒たちは教師が思った以上に意見を発表していました。例えば、「自分もこの主人公の気持ちはよく理解できる。やはり暗くて不便な古い町屋よりも、おしゃれな家に住んだり、おしゃれで便利な生活をしたりする方がいいと思う。けれども今日の学習をしてみて、そうでもないかなと思えてきた」などの意見が多く出されました。

● 終末

授業の終末に、「ふるさと」の歌詞を紹介しました。「ふるさと」を歌うと自分のふるさとの景色などが自然と浮かんでくるという教師の故郷への思いを生徒に心をこめて伝えました。この歌を国際宇宙ステーションの船長を務めた若田光一さんに向けて、さいたま市の母校の子どもたちが歌い、若田さんの心を癒したという話もしました。この話を聞いた生徒からは「自分も今日の道徳を学習して、地域の伝統的なお祭りなどを大切に守っていきたいと思った」「自分ももっと積極的に地域を大切にしていこうと思った」などの意見が出されました。

（根岸）

参考文献：宮島幸子，伏見強「〈研究ノート〉文部省唱歌『ふるさと』100年の変遷を辿る」『京都文教短期大学研究紀要第53集』

▶ 内容項目：C−(17)我が国の伝統と文化の尊重，国を愛する態度

さよなら，ホストファミリー

優れた伝統や文化の継承と発展について考えよう

掲載教科書：東書／学図／教出／光村／日文／学研／あかつき／日科

ねらい
ニュージーランドの大地を見送りながら心から「ありがとう」と言えた知子が，日本の伝統や文化のよさを再確認してみようと思ったことを通して，日本の伝統の継承と新しい文化の創造に貢献しようとする心情を育てる。

教材のあらすじと活用ポイント

　知子は海外派遣生としてニュージーランドのソニアの家にホームステイすることになりました。ホストファミリーのソニアは日本のことに興味をもち，知子に日本について質問してきますが，英語に自信はあったものの，話す内容を焦点化できず，困ってしまいます。ソニアは自分の国に誇りをもち，自分の意見もしっかりと主張できます。ソニアとの交流を通して，外国の文化のすばらしさだけでなく，日本の文化のすばらしさにも気づかされ，自国に誇りをもち，日本人としての自覚をもつようになった知子の気持ちの変化を考えさせたいです。

「特別の教科　道徳」の授業づくりのポイント

　知子は英語には自信がありましたが，いざ日本のことを話そうとしても何を話したらよいのかわかりませんでした。それに比べて，ソニアは知子がくる前から日本に興味をもち，日本のことを調べていました。知子は，英語が堪能であっても，自分の考えをしっかりもっていなければ会話にならないことや，日本人としてもっと日本のことを勉強しなければならないということに気づかされます。英語が話せればよいというわけではなく，日本の国土や歴史を理解し，日本の伝統や文化への関心を深め，自分の国を愛する心を育み，自国の文化や伝統の継承・発展につくし，日本人としての自覚と誇りをもって生活することについて考えさせたいです。

評価のポイント

　ソニアの生き方と対比させながら，知子が自己の生き方を振り返り自国への思いを深めるにいたる理由を考えさせることで，日本の伝統の継承や新しい文化の創造に貢献しようとする心情が高まった授業であったか評価します。

本時の流れ

	○学習活動	●教師の手だて　◇評価　※留意点
導入	○日本という国の伝統や文化について考える。	●茶道や華道、能や歌舞伎などの写真を用意して、視覚的にわかるようにする。 ●有形・無形の文化があることを押さえる。
	発問　日本という国の伝統や文化についてすばらしいと思ったことはありますか。それはなぜですか。	
展開	○教材を読む。	●教師が範読する。
	発問　「くやしさ」から「ありがとう」に変化した知子の心情を考え合いましょう。	
	○相互に意見を交換する。	●知子の自国への意識に比べ、ソニアは自国の歴史や文化に精通し、誇りをもって知子に接している点を大切に扱う。 ●知子の心の変容に着目させ、日本人としての自覚を深めていく過程を考えさせる。
	発問　次第に小さくなっていくニュージーランドの大地を見送りながら「ありがとう、ソニア」と言えたのはなぜでしょう。	
	○意見を交換する。	●ソニアの生き方を考えさせ、それと対比させながら、知子が自己の生き方を振り返って自国への思いを深めるようになった理由を考えさせる。
終末	発問　今日学んだことを振り返ってみましょう。	
	○振り返りシートに記入する。	●本時の学習を通して、新たに学んだことをまとめさせる。 ◇自分の国を愛するとはどういうことなのか考えることができたか。 ◇日本の伝統や文化のよさがわかり、日本の伝統の継承と新しい文化の創造に貢献しようとする気持ちを深めることができたか。

準備物

- 茶道，華道，能，歌舞伎，世界最古の木造建築物などの写真
- 手ぬぐい，扇子
- 振り返りシート

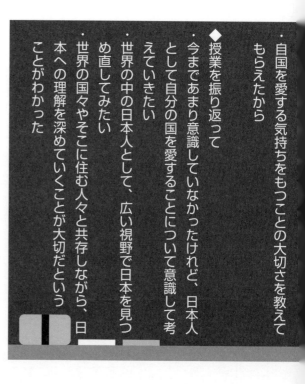

- 自国を愛する気持ちをもっとことの大切さを教えてもらえたから
- 授業を振り返って今まであまり意識していなかったけれど，日本人として自分の国を愛することについて意識して考えていきたい
- 世界の中の日本人として，広い視野で日本を見つめ直してみたい
- 世界の国々やそこに住む人々と共存しながら，日本への理解を深めていくことが大切だということがわかった

本時の実際

🞂 導入

昨今，日本から多くの人が海外旅行に行く一方で，海外からも日本の伝統や文化に憧れ，訪日する外国人の数が増えています。ニュースやテレビ番組などで日本の伝統や文化のすばらしさを知る機会は多々ありますが，実感をともなって感動した経験は乏しいものです。こうした状況にある中学生に，自分の国の伝統や文化に誇りをもつとともに，外国に日本のすばらしさを伝えていくことこそ，国際社会を生きる日本人として大切なことだと理解してほしいと願いました。そこで，まず身近に感じている日本の伝統や文化についてすばらしいと感じていることを出し合い，友達とこれまで気づいていなかったよさを伝え合い交流する場面を設定しました。

🞂 展開

「くやしさ」から「ありがとう」に変化した知子の心情を考える場面では，知子の抱いていたいらだちの原因が，彼女自身が日本の伝統や文化を十分に理解していなかったことにあることに気づくことができました。そして知子のくやしい気持ちに共感し，「自分も知子と同じように，ソニアから日本について質問されたら何も答えられない」と知子と自分自身を重ね合わせて考えることのできる生徒もいました。他の意見としては，「ソニアの質問から，もっと日本のことを勉強しておくべきだったと後悔した」「ソニアが自国の歴史や文化をよく学び，誇りをもっていることに感心した」「日本にもニュージーランドに負けないよさがあることに気づかせてくれた」などの発言がありました。これは，日本

さよなら、ホストファミリー

◆日本という国の伝統や文化についてすばらしいと思ったことはありますか。それはなぜですか
・茶道、華道、能、歌舞伎などの伝統や文化がある
・世界最古の木造建造物など、伝統的な建築物がたくさん受け継がれているから

知子の絵
・英語ができれば外国人とコミュニケーションがとれると思っていた
・日本のことをよく知らない

ソニアの絵
・日本に関心がある
・自国のことをよく知っている
・自国に誇りをもっている

◆「くやしさ」から「ありがとう」に変化した知子の心情
・質問されているうちに、もっと日本のことを深く勉強しておくべきだったと後悔した
・ソニアが自国の歴史や文化をよく学び、誇りをもっていることに感心した
・日本にもニュージーランドに負けないよさがあることに気づいた

◆「ありがとう、ソニア」と言えたのはなぜでしょう
・自分の国について学ぶことの大切さを、この訪問を通してソニアが教えてくれたから

人として日本の伝統と文化のすばらしさを深く考えていなかった自分に知子の姿を通して気づかされたということです。一方、ソニアの姿を通して、自国に誇りをもち自国のことをよく知るとともに他国に関心をもって外国の人とコミュニケーションをとりつつ相手の国のよさを理解することの大切さに生徒は気づいていきました。ソニアとの関わりが知子の心を変容させたとの認識から、生徒自身も日本人としての自覚を深めることができました。知子が「ありがとう、ソニア」と言えたことを生徒は「自国について学ぶことの大切さをソニアが教えてくれたから」「自国を愛する気持ちをもつことの大切さを教えてもらえたから」と捉え、生徒も知子と自分を重ね合わせ自分の国・日本について深く理解していない自己を振り返ることができました。

● 終末

本時の学習を通して学んだことを振り返らせました。「今まであまり意識していなかったけれど日本人として自分の国を愛することについてしっかりと考えていきたい」「世界の中の日本人として広い視野で日本を見つめ直してみたい」「世界の国々やそこに住む人々と共存しながら日本への理解を深めていくことが大切だということがわかった」などの記述が見られました。生徒は日本と外国の生活習慣や伝統、文化の違いについて表面的には理解していますが、民族性、国民性などの違いから生まれてきたという背景には意識が向かず、それをよさとして十分に理解したとはいえませんでした。しかし、この学習を通して日本人としての自覚と国家・社会の発展に努める意識は高まったと思います。(松島)

▶ 内容項目：C−(18)国際理解，国際貢献

掲載教科書：東書／学図／教出／光村／日文／学研／あかつき／日科

六千人の命のビザ
世界の平和への貢献について考えよう

ねらい

杉原千畝の生き方から，どのような状況に置かれても，人の命を最優先に考え，正義を貫くことの勇敢さや大切さを知り，自ら国際社会に貢献しようとする態度を養う。

教材のあらすじと活用ポイント

　杉原千畝が，ナチスから逃れるユダヤ人のためにビザを必死に書き続けた話です。杉原千畝はビザを発行してはいけないという命令を受けながらも，目の前にいる人の命を守るために，自分の考えでビザを発行します。しかし，ビザを発行するという決断にいたるまでには大きな葛藤がありました。その葛藤を通して，人が大切にしないといけないものは何かについて考えることができます。また，杉原千畝のその後を紹介することで，杉原千畝の決断が，その後の国際社会において大きな役割を果たしていることを理解することができます。

「特別の教科　道徳」の授業づくりのポイント

　「外交官」としての立場と「杉原千畝」としての立場を比較することで，杉原千畝がどうすべきかでものすごく悩んでいることを理解させます。この状況の中で，何が杉原千畝の背中を押して，ビザを書くという行動に移させたのかを考えさせます。その活動を通して，杉原千畝が大切にしたことは何かに気づくことができます。その後，杉原千畝の言葉を紹介し，「私のしたことは外交官としては間違ったことだったかもしれない」の続きを考えさせます。この言葉を通して，自分のことだけを考えるのではなく，目の前にいる何千もの人の命のこと（世界に目を向けた考え）を考えていくことの大切さに気づくことができます。

評価のポイント

　杉原千畝の言葉の続きをどんなふうに考えたか，振り返りシートをもとに広い視野に立って物事を見た時に，勇気をもって自分の信念を貫くことの大切さに気づくことができる授業だったかを評価します。

本時の流れ

	○学習活動	●教師の手だて ◇評価 ※留意点
導入	○ビザや杉原千畝の写真から，どんな話かを考える。 ○この時代の世界情勢を知る。	●杉原千畝の写真を見せて知っていることはないかを尋ねる。あわせて，簡単にこの時代の世界情勢を説明する。
展開	○教材を読む。 【めあて】杉原さんの生き方から，世界の平和や人々の幸せについて考えよう。 ○杉原千畝とユダヤ人たちの置かれている状況をまとめる。 〈杉原千畝〉 ・ビザの発行を求められている。 ・外務省に発行の許可を求めている。 ・はやく退去するように言われている。 〈ユダヤ人たち〉 ・ビザの発行を求め，領事館に集まっている。 ・ナチスから逃げないと弾圧されてしまう。 ○「外交官」として立場と「杉原千畝」としての立場を比べてみる。 〈「外交官」として〉 ・外務省の指示通りビザは発行しない。 ・すぐにリトアニアから退去する。 〈「杉原千畝」として〉 ・ビザを発行して助ける。 発問 杉原さんをビザを書くという行動に移させたものは何でしょうか。 ・自分だけ助かることはできない。 ・人として，正義を優先させた。 発問 杉原さんが言った「私のしたことは外交官としては間違ったことだったかもしれない。しかし，……」の続きを考えましょう。 ・人としては，間違っていない。 ・あの人たちを見たら，ビザを書くこと以外は考えられなかった。	●教材の中からわかることを抜き出してまとめていく。 ●お互いが，緊張の中，せっぱつまった状態であることを押さえる。 ●どちらの立場を優先させるかという葛藤があったことに気づかせる。 ●個人で考えた後，班で交流をさせて，考えを深めさせる。 ●全体での交流の後，「私には，たよってきた何千人もの人を，見殺しにすることはできなかった」を紹介する。
終末	○杉原千畝の生き方から考えたこと，感じたことを振り返りシートにまとめる。	◇どのような状況においても，正義を貫くことの勇敢さ，大切さに気づけたか。

準備物

- 手書きのビザの写真
- 杉原千畝の写真
- ヨーロッパの地図
- 学習プリント
- 振り返りシート

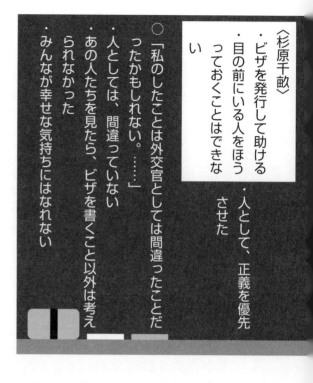

〈杉原千畝〉
- ビザを発行して助ける
- 目の前にいる人をほうっておくことはできない
- 人として、正義を優先させた
- 人としては、間違っていないかもしれない。……
- 「私のしたことは外交官としては間違ったことだったかもしれない。……」
- あの人たちを見たら、ビザを書くこと以外は考えられなかった
- みんなが幸せな気持ちにはなれない

本時の実際

● 導入

　ビザや杉原千畝の写真を見せ、知っていることはないか尋ねました。杉原千畝の写真を見て、「映画になった人」「ユダヤ人を助けた人」といった意見があがったところで、地図を見せながら、この時代の世界情勢を簡単に説明しました。

　ヒトラー率いるナチスがユダヤ人を迫害していたこと、ポーランドなどの占領地域に住んでいたユダヤ人は、ナチスから逃げるためにビザを必要としたこと、日本はドイツとは協力関係にあったことなど、第二次世界大戦頃の歴史の授業を思い出せるように、「六千人の命のビザ」の内容が理解しやすくなるように全体で確認を行いました。

● 展開

　教材を読んだ後、杉原千畝とユダヤ人たちの置かれている状況を、教材の中から読み取れることを中心に整理させました。その中で、お互いが大変困難な状況に置かれていること、時間のない緊迫した状態であり決断を迫られていることを理解することができました。次に、杉原千畝が何に悩んでいるのか、どうして決断できないでいるのかを理解するために、「外交官」としての組織の立場と「杉原千畝」としての個人の立場について考えさせました。それぞれ意見を聞いた後、組織として外務省からの命令には従わないといけない、個人として目の前の困っている人を見放すことはできないという難しい選択を迫られていることを確認しました。そこで、この難しい選択の中で、なぜ杉原千畝は、ビザを書くというこ

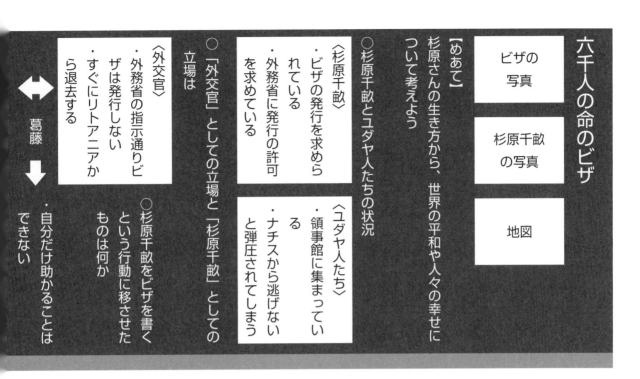

● 終末

　最後に、杉原千畝のその後を紹介しました。チェコなどの領事館に赴任したこと。第二次世界大戦後、1947年に杉原一家は日本に戻ったこと。帰国後、外務省から退職の勧告を受けたこと。しかし一方で、最初に交渉した5人のうちの1人であった人に日本で再会できたこと。イスラエル政府から感謝の賞をおくられたこと。多くの人が今でも感謝し続けていることなどを話した後、杉原千畝の生き方から、考えたこと・感じたことを振り返りシートにまとめさせました。「自分のことを後回しにして、人の命を助けた勇気ある行動に感動しました」「杉原さんのような人がいたということを誇りに思いました。人として、正しい行動をしたいです」といった感想が出ました。

とを選択したのかを考えさせました。個人で考えた意見をもとに班での交流を行いました。「自分だけ助かっていいのかなぁと思ったんじゃないかな」「外交官のかわりはいるけれど、目の前の人たちを助けられるのは自分以外にはいないから、自分にしかできないことをしたのではないか」といった意見があがっていました。さらに、杉原千畝の「私のしたことは……」の言葉を途中まで紹介し、後に続く言葉を考えさせました。「人としては間違ったことはしていない」「私は、外交官である前に一人の人間である」といった意見が出されました。その後に、実際の言葉を紹介すると、「すごい」や「かっこいい」という声があがりました。

（本屋敷）

▶内容項目：D−(19)生命の尊さ

奇跡の一週間
いのちについて考える

掲載教科書：東書／学図／教出／光村／日文／学研／あかつき／日科

ねらい
人の「生」と「死」を通して生命の尊厳や精いっぱい生きることの意義を考え，かけがえのない自他の生命を尊重しようとする心情を育てる。

教材のあらすじと活用ポイント

　ホスピスでボランティアをする筆者は，末期癌患者の北村さんに自作童話の挿絵を依頼します。北村さんの，壮絶なまでに真剣な取り組みと命いっぱい生ききろうとする姿から，筆者は，生命の尊厳や豊かに生きることのかけがえのなさを教えられます。

　核家族化が進み，身近で死を経験することが少なくなった現代の子どもたちにとって，死は実感をともなったものではなくなってきています。しかし，死と向き合うことは同時に生命の尊さを深く考えることでもあり，また，自分の生き方を見つめるきっかけともなり得ます。将来について考えはじめる中学生の時期に，有限の命を最後まで精いっぱい生ききることの意義を，深く考えさせることができる教材です。

「特別の教科　道徳」の授業づくりのポイント

　人の死を巡る難しいテーマだからこそ，子どもたちにまっすぐに向き合わせます。基本的には筆者の立場に沿って考えさせますが，「自分が筆者の立場ならどうするか」など，自我関与できる補助発問を組みこみます。また，はじめの頃と比べて筆者が変わったのはなぜかを考えることで，北村さんの生き方が筆者に与えた影響の大きさを捉えさせるようにし，終末では，北村さんへの手紙というかたちで振り返りをまとめさせ，本時の学びを見つめさせます。

評価のポイント

　じっくりと自分の心と向き合う時間を保障し考えを整理させるために，道徳ノートに記述する時間を長めに設定します。その記述の内容と授業中の様子から，生命の尊さや有限の命を精いっぱい生ききることの意義について深く考える授業になっていたかを評価します。

本時の流れ

	○学習活動	●教師の手だて ◇評価 ※留意点
導入	○「ホスピス」について知る。 ・余命の短い患者さんのための施設。 ・「緩和ケア」が行われるところ。 ・在宅の場合もある。	●筆者の言葉を押さえたうえで，説明する。 ●病院との相違を適切に説明する。ただし，どちらがよい悪いというものではなく様々な選択肢があることを伝える。 ※生徒の家庭環境を事前に確認し，表現には十分配慮する。
展開	○教材を読む。 ○筆者が北村さんに童話の挿絵を依頼したいきさつを簡単に確認する。	●教師が範読する。 ●筆者が，衰弱する北村さんの様子を見て後悔する気持ちを押さえさせておく。
	発問　筆者が北村さんに，「真剣になって」注文をつけたのはなぜでしょう。	
	○自分だったら，筆者と同じ行動がとれるかを考える。 ○意見交流をする。	●真剣に取り組む北村さんに，筆者も真剣に応じたことを押さえさせる。 ●北村さんの厳しい病状を十分に理解しながら，筆者も悩みながら覚悟をきめて接していたことに気づかせる。
	発問　はじめの頃はむっとして答えていた筆者が，変わったのはなぜでしょう。	
	○「あたりまえでしょ。悲しくないわけないじゃない」→「お別れするのは悲しいわ。でも，お会いできることがうれしいの」と変化した理由を考える。	●北村さんとの出会いによって，余命が短くとも，精いっぱい豊かに生きることのすばらしさを知ったことを捉えさせる。 ●「ホスピスの患者さんたちは『一生懸命生きていた人』」という言葉を確認させる。 ※道徳ノートに記入させ，その後意見交流をする。
終末	○振り返りを道徳ノートに書く。	
	発問　今日の授業で感じたことを，北村さんに手紙で伝えましょう。	
		◇「北村さんの生き方」から学んだことや感じたことを自分の言葉で語れたか。 ●十分に時間をとり，じっくりと自分の気持ちと向き合わせるようにする。 ●数名に発表させ，全体共有する。時間が不足する時は通信などでフィードバックする。

準備物

- 紙板書
  （ホスピス，緩和ケアについての説明）
  ※可能であれば，スクリーンやテレビなどで提示してもよい
- 道徳ノート

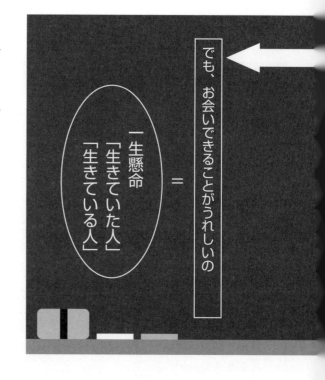

本時の実際

🍀 導入

はじめに，ホスピスについて確認します。授業ではホスピスという言葉を知っている生徒は半数近くいました。本文の「もう治らない人，間もなく死んでしまう人」という言葉は厳しい表現ですが，筆者ははじめの頃そう考えていたのだ，ということをまず押さえておきます。

その後，簡潔に説明を加えます。ここでは，「延命治療」と「緩和ケア」についても簡単に話しました。また，病院との相違については，どちらがよい悪いではなく，本人や家族の考え方によって様々な選択肢があるのだということを伝えるようにします。

なお，適切な配慮ができるように，生徒の家庭環境については可能な限り事前に確認しておくようにしたいものです。

🍀 展開

本文を教師が範読した後，筆者が北村さんに挿絵を依頼したいきさつを確認します。

次に，「北村さんに『真剣になって』注文をつけたのはなぜか」を問います。「真剣な思いに真剣に応えたから」という回答が出たところで，「自分なら同じ行動がとれるか」と聞きました。3分の2が「できない」「かわいそう」と答えたので，「では，かわいそうな要求をする筆者は間違っているのではないか」と切り返しました。しばしの沈黙の後，「つらいけど，真剣にぶつかってくれて北村さんも嬉しかったと思う」「注文をつけてもらったから，北村さんもいいものを残せた。自分にはできないけど……」といった意見が出されました。悩みながらも覚悟をきめて北村さんと向き合った筆者の思いに気づかせる

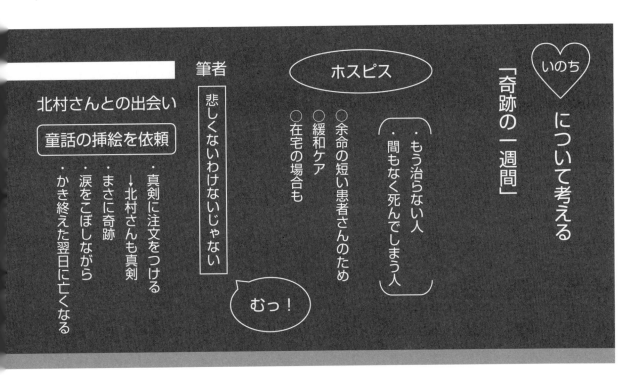

終末

筆者の立場を通して考えてきたことを自分事としてあらためて考えさせるために,「今日の授業で感じたことを,北村さんに手紙で伝えましょう」を振り返りの課題としました。

ほとんどの生徒が待ちきれないようにノートに向かって書き出しました。「末期癌になってもこんなに本気で生きることができるなんてすごいです」「自分だったら負けちゃうかも……。でも,北村さんみたいに生きたいです」「じいちゃんを思い出した。本当はじいちゃんもこんなふうにしたかったのかな。自分ならどうするかな」「自分は健康で若いのに,だらだら生きてて悲しくなった。北村さんゴメンナサイって思った。ちゃんとしたい,いや,する」。当日はこれで時間ぎれ。後日,まとめた通信を読み合いました。(及川)

ことができました。

次に「患者さんが亡くなる時,悲しくないの?」という問いかけに対する筆者の答えが変わったのはなぜかを考えさせました。じっくり深めさせるために,道徳ノートに時間をとって書かせた後,交流としました。

「北村さんとの出会いで,短くても懸命に生きることのすごさを知ったから」「命は長さもだけど,どれだけ充実していたかはもっと大事で,それをそばで見られるから悲しいけど嬉しい」「亡くなるのを見るだけの仕事じゃなくて,『一生懸命生きていた』のを見ることができる仕事だから」という意見が出されました。生徒たちが,お互いの意見に強い関心をもって真剣に耳を傾けている様子がとても印象的でした。

▶ 内容項目：D −(19)生命の尊さ

たったひとつのたからもの
一生を一生懸命に

掲載教科書：東書／学図／教出／光村／日文／学研／あかつき／日科

ねらい

命には限りがあり，かけがえのないことを自覚し，尊い命を一生懸命に生きぬこうとする道徳的実践意欲を育てる。

教材のあらすじと活用ポイント

　心内膜床欠損症などの障がいをもちながら6年の短い一生を「一生懸命」生きた加藤秋雪君。ニコッとしたり，晴れ晴れとしたり，泣きだして止まらなかったりする姿を見た母・浩美さんが，写真とともに思いを綴りながら，全力疾走する命とはどんなものか考え，振り返ります。時間をかけて教材を読みます。母が，秋雪君のつらさや怖さを乗り越え成長していく姿を拳を握りしめて見守り，歓喜や幸福を体いっぱい表現する姿に目をうるませながら写真を撮ったことを想像します。そして「人の幸せは，命の長さではない」という言葉を味わいます。

「特別の教科　道徳」の授業づくりのポイント

　特別支援学校との交流，特別講師のお話，医療機関向けDVDの視聴，15歳立志式……など，体験や行事との連携が効果的です。特に，新生児医療の現場の，幼くして亡くなっていく命と，それに向き合う母の涙は，理屈抜きに感動し，本教材を引き立てます。教材は，母・浩美さんが書いた文章なので，ご自身の涙の記述が存在しません。ですから，教師がそこを補います。目をうるませながら写真を撮っていたに違いない……と，行為と姿を熱く語り，その時の気持ちを考えます。さらに，母・浩美さんの考える幸せと，生徒自身が考える幸せを重ね，あらためて命の有限性に気づき，自分の命を大切に懸命に生かそうとする意欲につなげます。

評価のポイント

　命の有限性の記述に結びつく授業だったかを評価します。さらにそこから，「命の長さ」や「笑顔や喜びの数」で幸せを決めるのではなく，精いっぱいの生き方が本人の幸せにつながり，周りの人の感動と幸せを生み出すことを考えられる授業だったかを評価します。

本時の流れ

	○学習活動	●教師の手だて ◇評価 ※留意点
導入	○新生児集中治療室（NICU）などの，幼くして亡くなってしまう命の映像を見る。	●教材の概要を示し，障がいのある子と母がどんな思いで6年と2か月を過ごしていったのか考えるよう促す。
展開	○教材を読む。 ○秋雪君の写真を何枚か見て振り返る。	●教材が長いので，後から母の気持ちを振り返りやすくするために，母の思いの記述に線を引くよう促す。
	発問　線を引いた部分を発表し合い，秋雪君のお母さんがどんな気持ちで秋雪君と過ごし，写真を撮ってきたのか考えましょう。	
	○意見交換をしながら，学習プリントに記述する。	●文章から抜き出した表現も認め，教材と写真から理解を深める。 ●発表の終盤では，写真を撮った時の思いにふれられている意見を取り上げる。
	発問　「人の幸せは，命の長さではないのです」の続きを，秋雪君のお母さんはどのように考えていたのでしょうか。	
	○学習プリントに記述する。 ○意見交換をする。	●有限性にふれている意見は板書する。 ●文章の「一生懸命」「全力疾走」「精いっぱい」を抜き出して答える生徒には，考えを深めるために「それで（が）幸せ？」など，対比させて切り返し，全体に問う。 ●「思い出の量」「笑顔の数」など，教材と重ねず持論を展開する生徒には，幸せとは内面的であることに気づかせるため「笑顔を見せずに一生を終えるしかない子は不幸なの？」などと切り返し，話し合いの方向づけをする。
終末	○加藤浩美さんの「写真を撮っている時の母の思い」「撮ったことへの思い」「今写真を見る時の思い」を知る。 ○生命保険会社のCM「たったひとつのたからもの」を視聴する。 ○10年後の自分へはがきを書く。	※画面や音量を大きくし，感動を促す。 ●「命の有限性」を確認し，「精いっぱい」が自分たちの交流相手や自分自身の思い出につなげられる可能性を確認する。 ◇命の有限性とその中でどう生きていくのかを考えられた授業だったかを評価する。

準備物

- ICT機器
- 交流している自分たちの写真（あれば）
- 未熟児や病気・障がいをもって生まれた赤ちゃんとその家族の映像
- 秋雪君の写真
- 生命保険会社のCM「たったひとつのたからもの」
- 学習プリント
- 「10年後の自分へ」はがき

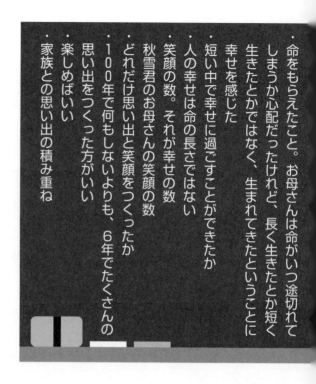

・命をもらえたこと。お母さんは命がいつ途切れてしまうか心配だったけれど、長く生きたとか短く生きたとかではなく、生まれてきたということに幸せを感じた
・短い中で幸せに過ごすことができたか
・人の幸せは命の長さではない
・笑顔の数。それが幸せの数
・秋雪君のお母さんの笑顔の数
・どれだけ思い出と笑顔をつくったか
・100年で何もしないよりも、6年でたくさんの思い出をつくった方がいい
・楽しめばいい
・家族との思い出の積み重ね

本時の実際

● 導入

新生児の映像を見ます。赤ちゃんはかわいいもので、親も兄弟も、見ている中学生も誕生を喜びます。しかし、障がいや病気を知った時にはそれを受容することが難しく不安になります。そんな周囲の心配をよそに新生児は精いっぱい呼吸し、精いっぱい愛され、やがて短い命を終えていきます。ショッキングな場面ですが、それが現実です。親は複雑な思いで涙を流し、見ている生徒も涙ぐみます。こういった映像を見ることで、生徒は命の有限性を実感できました。さらに、おこがましくも「この子は幸せだったのか」という問いをもちました。新生児の懸命な姿と生徒自身の生活を対照的に見つめることができるからです。生徒は、具体的な事例を知りたくなり、教材の中に答えを見つけたくなりました。

● 展開

母の気持ちがわかる・感じられる記述に線を引きながら、教材を読みました。

読み終えた後、秋雪君の写真を見ました。そして発問をもとに、母の気持ちを抜き出し、写真を撮る母の気持ちを考えました。

親としての不安や緊張、ささやかなことでの喜びなどを追いました。ありのままの秋雪君を涙を流しながら、目をうるませながら撮っていたことを想像・補足しながら、思いの深さを再度味わいました。

「短い人生の中で一緒にいる時間を増やし、お母さんと秋雪君の短い中でも同じくらい大切な思い出となるようなワンシーンを残したかった」

生徒は命が有限なことを知った故に、母が「ほほえみとともに思い出せること」を日々

たったひとつのたからもの

母の思いの記述に線を引きながら読みましょう

秋雪君のお母さんがどんな気持ちで秋雪君と過ごし、写真を撮ってきたのか考えましょう

・きちんと向き合わなければ
・学園バス…緊張
・秋雪君
　ニコッ　晴れ晴れ…安心　笑顔
・歩こうとするしぐさ・発声…嬉しかった
・海での歓喜…また感じさせてあげたい
・海に向かう2人…写真に残した
・短い人生の証拠として残しておきたかった
・短い人生の中で一緒にいる時間を増やし、お母さんと秋雪君の短い中でも同じくらいの大切な思い出になるようなワンシーンを残したかった
・1枚でも多くの写真を撮って思い出に残したい
・成長の過程を思い出に残したかった

「人の幸せは、命の長さではないのです」の続きを、秋雪君のお母さんはどのように考えていたのでしょうか

見つけようとしていたことに気づきました。
　母を支えてきた言葉「人の幸せは，命の長さではない」の続きを考えるよう促すと，はじめに出てきたのは「笑顔の多さだ」「たくさんの思い出だ」などの意見でした。これは自分自身の体験からくる考えで，教材の中の母の考えとは重なっていないと判断し，「表情に出ない子はどうなの？」と切り返しました。これによって少し表現が広がり，
　「楽しもうとする時間」
　「他の人を笑顔にすることができるか」
　「限られた短い命だからこそ，今を大切に楽しもう，楽しみを感じようとしている」
というような考えが出てきました。このような意見が，「ほほえみとともに思い出せる」「精いっぱい」など文章中の母の考えと近いことを確認し，共感的に理解しました。

● 終末

　浩美さんが秋雪君を撮っていた当時の思い，今の写真への思いを紹介しました。
　「記録（として）……だけではないんです」
　「必死なことはたくさんありましたが，ちゃんと楽しいこともたくさんあった」
　「（今）写真を見ると勇気がもらえる」
　また，教材と価値を味わうため，生命保険会社のCMを見ました。小田和正の「言葉にできない」を聴きながら，秋雪君の写真に見入っていました。
　最後に10年後の自分へはがきを書きました。「精いっぱい生きていますか？」「やりたいことをやってる？」「僕は今出せる一番の正解をつき進んできた」など，自分の今の生き方を見返し，肯定して授業を終えました。

（両角）

▶ 内容項目：D−(19)生命の尊さ

掲載教科書：東書／学図／教出／光村／日文／学研／あかつき／日科

体験ナースをとおして
生命の尊さについて考えよう

ねらい
自分の生命の尊さや大切さを深く考えることを通して，自分以外の生命もまた自分同様に尊い存在であることを理解し，自他の生命をかけがえのないものとして尊重する態度を育てる。

教材のあらすじと活用ポイント

　病院で体験ナースをした生徒の作文です。もうすぐ出産を迎える人のおなかの中の赤ちゃんが動くのを見て，「私」は親子の見えない絆を感じます。帰宅後，母に自分の出産の時の様子を聞くと，胸がギュッとしめつけられるような思いでいっぱいになるのでした。

　本教材の活用ポイントは，赤ちゃん自身が生きようとする姿や，それをあたたかく迎える母親や多くの人の支えなど，様々な視点から生命の大切さを考えさせるところにあります。

「特別の教科　道徳」の授業づくりのポイント

　本教材では，生命を〈誕生〉という明るい側面から扱っています。そこで，授業では，まっすぐにそのかけがえのなさや尊さに踏みこんでいきます。

　多くの人に支えてもらってきたことを踏まえながら，まずは，自分自身の生命のかけがえのなさはどのようなところにあるのかということを，自分との対話によって考えさせます。さらに，クラスの仲間と意見交流を行い，各自が自分のかけがえのなさを語り合うことによって，自分以外の他者もまた自分同様にかけがえのない存在であるということの自覚を深めます。

　なお，生徒自身の誕生時の様子について扱うことについては，家庭の事情などがあるので慎重な配慮が必要です。

評価のポイント

　生命のかけがえのなさに関して，小グループや学級全体での意見交流を通して，自他の生命の大切さについての自覚を深める授業になっていたかを評価します。ワークシートにおける，発問に対する記述と振り返りの部分の記述によって捉えます。

本時の流れ

	○学習活動	●教師の手だて　◇評価　※留意点
導入	○生命について考える。 発問　赤ちゃんを抱いたことがありますか。どんな感じでしたか。	●赤ちゃんを抱いたりミルクを飲ませたりした経験を発表させる。 ※赤ちゃんの写真や映像などを用いて，明るい雰囲気づくりをする。
展開	○教材を読む。 発問　赤ちゃんは，どんなことを思いながら誕生し育っていくのでしょうか。 発問　周囲の人はどのような思いで育ててくれたのでしょうか。 発問　あなたの生命が大切な理由を10個考えてみましょう。 ○ワークシートに記入する。 ○意見交流をする。 ○ホワイトボードに記入する。	●おなかの中で動いた時やミルクを飲んでいる時を手がかりにする。 ※母親に限定しないで考えさせる。 ●個人で考えさせた後，小グループで共有させる。さらに，学級全体で共有させる。 ◇自分の考えをワークシートに記入しているか。
終末	発問　授業を通じて，生命について考えたこと，感じたことを書きましょう。 ○ワークシートに記入する。	◇他の人の意見を聞いて，生命の大切さについて多面的・多角的に考えているかを，ワークシートの記述から見取る。

準備物

- ワークシート
- 赤ちゃんの写真や映像
- ホワイトボード（各グループごと）

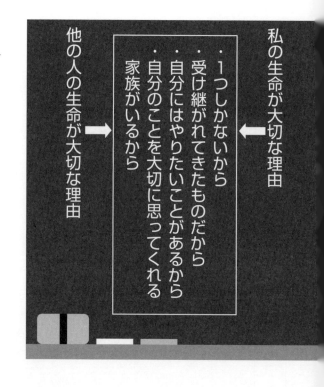

私の生命が大切な理由
- 1つしかないから
- 受け継がれてきたものだから
- 自分にはやりたいことがあるから

他の人の生命が大切な理由
- 自分のことを大切に思ってくれる家族がいるから

本時の実際

導入

本教材は，赤ちゃん誕生の現場に体験ナースとして出かける内容なので，まず生徒自身の赤ちゃんとの関わりについての発問をすることで，意識を向けさせることにしました。

身近に赤ちゃんがいたり，生まれて間もない赤ちゃんを抱いたりした経験のある生徒，小さい頃に弟妹を抱いたことがあるという生徒たちは，

　「思ったより重い」
　「壊れそうで怖かった」
　「かわいかった」

などの感想を述べていました。

展開

生命の尊さを，様々な視点から考えられるようにすることを意図しながら発問を重ねていきます。

最初は，生命体として，必死に生きようとする存在であることに関する発問です。母親のおなかの中で自分の存在を主張しているところからは，「私」が捉えたように，元気さをアピールして自分との絆を深めようとしているとも考えられます。生まれた後の良好な関係のための布石を打っているのかもしれません。

飲み方を教えていないのにミルクを飲めるのは，生きようという本能が働いているからだと気づくこともできます。赤ちゃんの側から考えることで，これらの根源的な生命力を捉えさせたいところです。

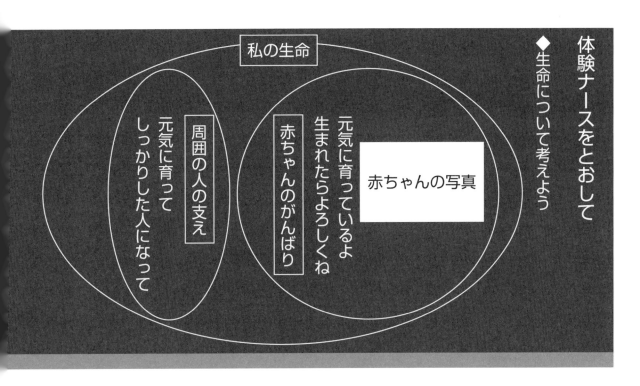
◆生命について考えよう
体験ナースをとおして

次に、周囲の人の支えがあって生かされていることへの気づきと感謝に関する発問です。

おなかを切るということだけでなく、これまでにどんな支えがあったのかを具体的に出していきました。「食事をつくってくれる、看病をしてくれる、きまりを教えてくれる」など次々に出ますが、そこにはどのような思いがあるのか、こめられた思いを考えることが大切です。「丈夫に育ってほしい、しっかりした人間になってほしい」など、生命を輝かせ、大切にまっとうしてほしいという切実な思いを受け止めていました。

最後に、このような思いを受けて育った存在である、あなたの命はなぜ大切なのか、生命が大切な理由を考えました。これが、本時の中心になります。様々な角度から出されたそれらを共有することができました。

● 終末

自分の生命が大切であることの理由が、すなわち、他の人の生命が大切であることの理由です。

自分の生命も他者の生命も、同じように大切なものなのだということを心にしっかりと受け止めた時に、自他の生命を大切なものとして尊重する態度が育まれていきます。自分の考えるかけがえのなさと、他者が考えるかけがえのなさで、共通する部分はもちろんですが、自分が思いつかなかった理由を仲間が言ってくれて出会えたことが、本時のねらいにつながる一歩です。

自分自身の思いをまとめる時間を確保し、意図的指名で発表してもらいました。

(須貝)

▶ 内容項目：D−(20)自然愛護

樹齢七千年の杉
樹齢七千年の杉の美しさ

掲載教科書：東書／学図／教出／光村／日文／学研／あかつき／日科

ねらい

縄文杉の樹齢のすごさだけではなく，その姿・かたちから過去を想像し今を精いっぱい生きていることを感じることを通して，超然とした自然を畏敬する道徳的心情を育てる。

教材のあらすじと活用ポイント

椋鳩十が1974年に屋久島を訪れ，樹齢七千年の縄文杉と出会った時のお話です。胴まわり，峰吹く風に音を立てて立つ姿，それが生きている事実に「すごい」とつぶやきます。さらに，岩川さんの説明に「すごいというよりも，素晴らしい」と語ります。

教材前半は，縄文杉のすごさを確認するのに使います。樹齢の長さだけではなく，異様な容姿をじっくり味わいます。次に，後半「『すごいというよりも，素晴らしい』とは？」と少し違う視点の発問をし，一気に深め，美しく生きることへ広げていきます。

「特別の教科　道徳」の授業づくりのポイント

授業は２部構成にします。身近な杉の写真や，屋久島の映像などを見せます。宙に浮いた根，曲がりくねった幹などから，厳しい環境でのつらい出来事を想像させます。縄文杉からも，地面近くの太さと空近くの細さを比べ，何回も強い風で折れたことを想像させます。縄文杉のすごさを実感した後，教材を読み，椋さんと生徒の気持ちは「すごさ」で重なります。ところが椋さんは「すごいというよりも，素晴らしい」というのです。生徒は驚きをもちます。そして，「物としての木」から「美しい生き方」へと見方の転換を迫られます。さらには先ほど実感した木の傷と自分の傷などを重ねながら，7000年に思いをはせるようになります。

評価のポイント

まっすぐなきれいな杉だけではなく，不格好な縄文杉の生き方に美しさを感じられる授業であったかを評価します。さらに，自分の人生と重ね，「精いっぱい生きているか」を考えた記述があれば，深く考えることができた授業だったといえます。

本時の流れ

	○学習活動	●教師の手だて　◇評価　※留意点
導入	○いろいろな杉の写真を見る。 ○映像で屋久島の環境を知る。	●杉の写真とともに，樹齢何年か，なぜ曲がっているかを聞く。エピソードがあれば端的に示す。 ●屋久島の位置，あふれる自然，こけから生える若い杉を紹介する。
展開	発問　これらの屋久杉に何が起こったのでしょう。	
	○屋久杉の写真を見て，この杉の木に昔何が起こったか想像する。	●えぐれた幹，宙に浮いた根，古株と若木などの写真を見せ，発表させる。
	発問　縄文杉に何が起こったのでしょう。	
	○縄文杉をよく見て，この木に起こった物語を考え，箇条書きで記述する。 ○教材を読む。	●「下が太いわりに上が変に細い」「こぶができている」などの特徴を発表させた後，その理由となるエピソードを想像させる。「すごい」の記述があれば紹介する。 ●「私」も生徒たち同様に「すごい」と思っていたことを確認する。
	発問　「私」は，岩川さんのお話を聞いて「すごいというよりも，素晴らしい」と思いました。どんなことを考えたのでしょう。	
	○学習プリントに記述し，発表する。	●指導者も生徒と同じ「わからない」という目線で謙虚に問う。 ●7000年を生きているすごさだけではなく，どう生きたかの記述があるか確認する。
終末	発問　私たちも，縄文杉のかたわらに立って「美しい生き方」について考えましょう。	
	○学習プリントに記述し，発表する。	●縄文杉のかたわらに立っていることが想像できるよう，音やにおいや明るさなどを伝える。そのうえで記述するよう促す。 ◇美しい生き方について自分と縄文杉を重ねた記述があるかで，深く考えられた授業だったかを評価する。

準備物

- ICT 機器
- 学習プリント（縄文杉の写真つき）
- 屋久島紹介映像（約4分ほど）
- 写真データ
    自分の学校の杉と生徒の写真4～8枚
    奇跡の一本松の写真
    地域の神社に生えている杉の写真
    護王さんの杉の写真
    屋久杉の写真

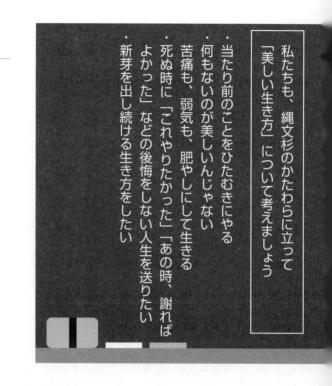

私たちも、縄文杉のかたわらに立って「美しい生き方」について考えましょう
・当たり前のことをひたむきにやる
・何もないのが美しいんじゃない
・苦痛も、弱気も、肥やしにして生きる
・死ぬ時に「これやりたかった」「あの時、謝ればよかった」などの後悔をしない人生を送りたい
・新芽を出し続ける生き方をしたい

本時の実際

●導入

写真で学校にある杉を生徒とともに紹介しました。楽しい導入という意味と，授業の終末で自分と杉を重ねるという場面があるからです。生徒は「何でこんなポーズしているの」と笑いながら反応していました。

奇跡の一本松の津波に耐えて立つ姿，地元の神社の老木，護王さんの杉を紹介し，それぞれの木の人生・物語を考えました。このことで，木の特徴を見ればそこに物語があるという見方を植えつけました。

次に，マーラーの「巨人」をBGMに屋久島と縄文杉を紹介した映像を流しました。「これ杉？」「ここまで曲がる？」「この鹿との写真，絵じゃないの？」と，スケールを疑うつぶやきが出ました。最後の縄文杉の連続写真部分では黙って映像に見入っていました。

●展開

教材を読む前に，縄文杉の姿・かたちを観察して，そこに起きた物語を探りました。縄文杉を実感してほしいからです。

生徒は「台風にやられた」「虫に食べられた」「足下の土が流された」「雷にやられた」などの短い物語で返してきました。

上に伸びれば台風でへし折られ，横に伸びれば他の木が倒れてきて傷つき，時には自分の種から育った木にまで傷つけられることを補足しました。そして，「どう思う？」とインタビューすると「すごい」「えらい」と，予想した言葉が返ってきました。全員で「すごい」という言葉を共有しました。

その後，椋鳩十さんから学ぼうと呼びかけ，教材を読みました。「仙人」「超然」という言葉と自分の思いを重ねました。

樹齢七千年の杉

杉の木に起こった出来事
- 曲がった学校の木　風のせい
- 奇跡の一本松　　　津波
- 三本足杉　　　　　土が流された
- 大王杉　　　　　　雷　虫

縄文杉に起こった出来事
- 台風で上の方の枝が折れた
- 雷に打たれた
- 他の木が倒れてきた

「私」は、岩川さんのお話を聞いて「すごいというよりも、素晴らしい」と思いましたどんなことを考えたのでしょう

- 「すごい」より「すばらしい」の方がレベルが上
- すごいは直感、すばらしいは本質を理解した
- 命の火をほうほうと燃やしているのがすばらしい
- 死ぬ間際まで青々としているのはすばらしい
- 情熱を感じる木にふさわしいのが「すばらしい」
- 死の瞬間まで……人間はそこまでできない
- 何があってもどんとかまえて生きているから
- 7000年間も今も、力いっぱい生きていることに対して、尊敬に近い気持ちがあった

後半の主発問。「すごい」から「すばらしい」に変わった私の考えに迫りました。

「すごいは直感で、すばらしいは本質を理解したのだと思う」などと、言葉の違いを分析する生徒がいました。

「命の火を、ほうほうと燃やす」などの教材の文章を抜き取る生徒もいました。

しかし、多くの生徒は姿・かたちから過去と今の生き様を想像し考えていました。「情熱を感じる木にふさわしい言葉だから」「死の瞬間まで……人間はそこまでできない」「何があってもどんとかまえて生きている」「7000年間も今も、力いっぱい生きていることに対して、尊敬に近い気持ちがあった」。老木だと思っていたことを見直す意見や、縄文杉に会いたいと願う意見を紹介しました。

● 終末

縄文杉のかたわらに立ったつもりで、自分の美しい生き方を考えてみました。

「当たり前のことをひたむきにやる」

「何もないのが美しいんじゃない。困難も、気が弱くなっても、肥やしにして生きる」

「死ぬ時に『これやりたかった』『あの時、謝ればよかった』などの後悔をしない人生」

「新芽を出し続ける生き方をしたい」

過去の出来事よりも、今の生活を見つめ、人生の希望を語る記述が多く見られました。

「白い雑巾はきれい。でも、汚れてぼろぼろな雑巾は美しい」ということを紹介しました。「きれい」ではなく「美しい」という見方を板書からひろい、土偶・仏像・建物・人などに広げられる可能性に気づかせ、自覚させて授業を終えました。

（両角）

▶ 内容項目：D−(21)感動，畏敬の念

夜は人間以外のものの時間
敬意をもって自然と接する

掲載教科書：東書　学図　教出　光村　日文　学研　あかつき　日科

> **ねらい**
> 自然のもつ，人間を超えた神秘的で偉大な力に思いをはせ，人間も自然の中で生かされていることを受け止め，それらへの畏れや敬いの気持ちを大切にしていこうとする心情を育てる。

教材のあらすじと活用ポイント

　九州の山村で文化人類学の調査を行っていた筆者は，「夜は人間以外のものの時間だから」という住民の言葉から，自然の一部として生きる人々の自然への畏敬の念を教えられます。ややもすると人間が主役と考えがちな現代人の生き方に，疑問を投げかける文章です。

　日々，デジタルなものに囲まれている子どもたちにとって，自然への感動や畏れを感じさせる機会は貴重です。それは，自然という本来コントロールできない偉大なものの中で生かされていることへの理解となり，また，人間が他を尊重しながら生きていくための大切な土台ともなるからです。「得体の知れないものを畏れる」ことの意味を追いながら，自然への敬いの心や自然と共存していくことへの自覚を大切にしようとする気持ちと態度を育てていきます。

「特別の教科　道徳」の授業づくりのポイント

　誰もが心の中にもっているにもかかわらず，抽象的で難しい「畏れ」という感情と向き合わせるために，自然のもつ二面性に着目させます。導入では，自然の「すばらしさ」と「恐ろしさ」について考えさせます。展開では，村人の「人間以外のもの＝山の神」に対する心理を掘り下げながら，自然の中で「生かされている」「人間も自然の一部である」ことを素直に受け止められるように，グループ討議を中心に据えて考えを深めさせるようにします。

評価のポイント

　振り返りを記述した道徳ノートや授業中の発言をもとに，自然のもつ偉大さと恐ろしさを多面的・多角的に捉え，人間も自然の一部として生かされているという自覚をもつことができる授業になっていたかを評価します。

本時の流れ

	○学習活動	●教師の手だて ◇評価 ※留意点
導入	○富士山の写真を見て、感じたことを出し合う。 　A　ご来光などの美しくスケール感のある写真 　B　暗雲が渦巻く写真（教科書112～113ページ）	●A→Bの順番で見せる。 ※短時間で、自由に発言させる。
	発問　自然を「すばらしい」「恐い」と思ったのはどんな時ですか。	
	○これまでの生活の中で、自然の偉大さや恐怖を感じたのはどんな時かを考える。	●自然は様々な面をもつことを確認させる。 ※被災地等では、取り上げ方に配慮したい。
展開	○教材を読む。 ○筆者が村人から忠告された状況を押さえる。	●教師が範読する。
	発問　「人間以外のもの」とは何でしょうか。	
	○意見交流をする。	●動植物だけでなく、村人が信仰する「山の神」の存在にも気づかせる。
	発問　村人にとって「山の神」とはどんな存在だったのでしょうか。	
	○村人が「山の神」をあつく信仰していたことについて、自然との関連で考える。 ○個人で考えた後、小グループで意見交流をする。	●「夜出歩かない」のは、山の神への畏れ、つまり、自分たちの力が及ばないものへの畏敬の念があったことに気づかせる。 ●「恐いもの」「守ってくれるもの」という意見にとどまるようであれば、補助発問でさらに掘り下げさせる。 ※個人の意見は道徳ノートに記入させる。 ※3～4人のグループで話し合う。ホワイトボードなどを配り、意見を集約させる。
終末	○振り返りを道徳ノートに書く。 ○教師の説話を聞く。 ・ユネスコ無形文化遺産である「来訪神」（ナマハゲなど）について。	◇「人間も自然そのものの1つの要素である」という視点を踏まえて書けたか。 ●数名に発表させ、全体で共有する。 ●人間の力が及ばないものへの畏れや敬い、人間の奢りへの警鐘の意味などをもつことについてふれ、自然への畏敬の念との関連について考えさせる。

準備物

- 写真シート
  ①富士山の写真（ご来光・暗雲／導入で使用）
  ②来訪神（ナマハゲなど／終末で使用）
  ※可能であれば，スクリーンやテレビなどで提示できると効果的
- ホワイトボード（グループ分）
- 道徳ノート

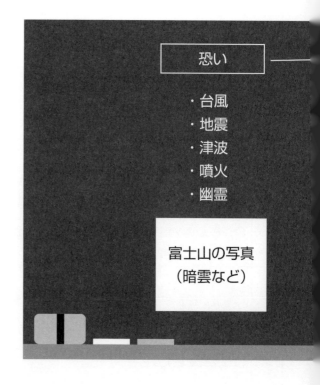

本時の実際

● 導入

はじめに富士山のご来光の写真を提示。「きれい」「すごい」「神ってる」といった言葉がとびかいました。次に，教科書掲載の暗雲と富士山の写真を見せると「恐い」「何か起きそう」という声があがりました。富士山にもいろいろな顔があることを確認し，「では，自然を『すばらしい』『恐い』と思ったのはどんな時ですか」と発問。次々手があがり，「すばらしい」には「夕焼け，海の輝き，流星群」，「恐い」には「台風，地震，噴火」などの意見が出されました。「幽霊が恐い」と言った生徒に対し「それは自然じゃない」「いや，それも自然の一部だ」という対立した意見が出され，展開への橋渡しとなりました。教師が「得体の知れないもの」に言及しておくのもよい伏線になるでしょう。

● 展開

まず，教師が本文を範読。筆者が村人から忠告された言葉と状況を確認したうえで「人間以外のものとは何か」を考えさせました。動植物等の生き物はすぐに出されましたが，それでストップ。しかし，ここでは「山の神」の存在を引き出しておきたいところです。

「あとは？」とさらに聞くと，少し考えてから1人が「トトロ！」と発言。爆笑で場が和みました。「確かに，本文にも出てくるね」とフォローすると，その後「もののけ姫（姫はいらないと他の生徒からつっこみが入る）」そして「山の神」と続きました。

村人が「山の神」をあつく信仰していたことを確認し，「では，村人にとって山の神とはどんな存在だったのかな」と発問しました。

まず，道徳ノートに自分の意見を短時間で

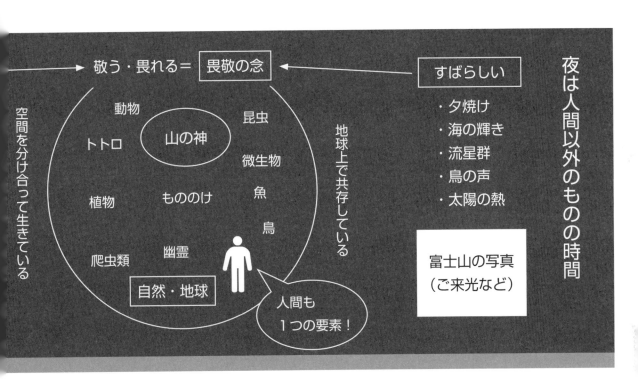

　記入させ，それをもとに4人グループでの意見交流を行いました。ホワイトボードに簡単にまとめさせ，全体で共有します。「村人を守ってくれるもの」「得体の知れない存在」という意見が大勢を占めました。

　もう一歩掘り下げるために，「どこにもその土地の神様っていると思うけれど，その正体って何なんだろう」と補助的に発問し，再考を促します。すると，「先祖代々大切にしてきた言い伝えみたいなもの」「人間がふれちゃいけない領域」「自然そのもの？」といった意見が出されました。抽象的な意見には，他のグループから「それってどういうこと？」という質問がとび，より深く説明しようとさらに考えることとなり，交流による深まりが見られました。

● 終末

　本時の振り返りを「人間も自然そのものの1つの要素である」という視点を確認して記述させます。「昔の人は自然の恐ろしさを知っていたから，敬い大切にする気持ちがあった。僕たちも共存について真剣に考える必要がある」「『恐れ』と『畏れ』は違うんだとわかった。正しく恐がるというか，畏れ敬うという気持ちをちゃんともちたい」といった意見が全体交流されました。最後に，先頃ユネスコ無形文化遺産に登録された「来訪神」について紹介しました。秋田の「ナマハゲ」などのもつ，人間の力が及ばないものへの畏れや敬い，人間の奢りへの警鐘といった意味合いにふれ，自然への畏敬の念との関連についてあらためて投げかけて授業を終えました。

（及川）

▶ 内容項目：D-(22)よりよく生きる喜び

足袋の季節
人間としてよりよく生きる

掲載教科書

ねらい

「私」の気持ちや行動を通して、人間としてよりよく生きることに喜びを見出していこうとする道徳的心情を培う。

教材のあらすじと活用ポイント

　「私」は小学校を出るとすぐ父母のもとを離れ、小樽の郵便局で働きはじめました。月給は安く、冬がきても足袋も買えず、雪の中を素足で局へ通っていました。ある日、「私」は上役のおつかいで、大福餅を売りにくるおばあさんのところに行きます。おばあさんは私が渡した10銭玉を50銭玉と間違い、40銭のおつりをくれました。「私」は「40銭あれば足袋が買える」と思い、つり銭をごまかしてしまいます。そのため、「私」は自責の念に苦しめられます。その後、試験に受かり、札幌局に配属され、初月給をもらうと果物かごを手におばあさんを訪ねます。ところが、おばあさんは亡くなっていました。

　昔の話なので、お金の感覚、衣食住の感覚、足袋での生活の感覚など、生徒にはわからないことが多いので、そこを補って教材の読み取りを深めたいです。

「特別の教科　道徳」の授業づくりのポイント

　指導案の1つ目と2つ目の発問で自分の経験を振り返って考えさせたり、「私」の立場になって考えさせたりと「自我関与」させます。形態としては「討論」ではなく、「語り合い」で深めていきます。3つ目の主題に迫る発問で、これからの課題について各自の「納得解」にいたるよう考えさせます。

評価のポイント

　発問すべてで自分の考えをワークシートに記入させます。1つ目の発問は自分の経験を振り返って考えられたか、2つ目の発問は「私」の立場に立って考えられたか、3つ目の発問は自分のこれからについて課題がもてたか、これらの視点がもてた授業だったかを評価します。

本時の流れ

	○学習活動	●教師の手だて　◇評価　※留意点
導入	○音楽を聴く。 ○氷にさわる。 ○資料を見る。	●静かな音楽を流し，心を落ちつかせる。（1分程度） ●氷をさわらせて，冷たさを実感させる。 ●当時のお金の価値について（円，銭）プリントを配り，説明する。
展開	○教材を読む。	●教師が音読する。
	発問　「私」はなぜつり銭をごまかしてしまったのでしょうか。自分の知識や経験を振り返りながら考えましょう。	
	○考えをワークシートに記入する。 ○意見を発表する。意見を聞く。	●静かなBGMを流す。 ●指名で発表させる。 ※10名程度指名する。
	発問　小樽に行って，おばあさんの死を知った時，「私」はどんなことを思ったでしょうか。自分が「私」の立場だったらどのように思うか考えましょう。	
	○考えをワークシートに記入する。 ○隣同士で意見交換をする。 ○意見を発表する。意見を聞く。	●静かなBGMを流す。 ※自分の意見を言い，他の生徒の意見を聞くようにさせる。 ●指名で発表させる。 ※10名程度指名する。
	発問　自分の弱さを乗り越え，人間としてよりよく生きることをあなたはどう思いますか。自分のこれからに思いをはせて考えましょう。	
	○考えをワークシートに記入する。 ○班で意見交換をする。 ○意見を発表する。意見を聞く。	●静かなBGMを流す。 ※4〜6人班で行う。 ●指名で発表させる。 ※10名程度指名する。
終末	○自己評価表と感想シートを記入する。 ○音楽を聴く。	●心が和む音楽を流す。 ※余韻をもって終える。

準備物

- 静かな音楽（クラシックなど，心が落ちつくような音楽）
- 氷（班で1つ）
- 当時のお金の価値についてのプリント
- ワークシート
- BGM3種類（歌のない静かな音楽）
- 心が和む音楽（歌のない静かな音楽）
- 自己評価表
- 感想シート

・気になる意見をメモしよう

本時の実際

● 導入

道徳の授業の前は，体育だったり，昼休みだったり，いろいろな状況です。生徒たちの気持ちは浮き立っています。道徳の授業は「よりよい生き方を考える時間」なので，心を落ちつかせて取り組ませたいです。導入で，まず，生徒の気持ちを落ちつかせるために，静かな音楽を聴かせます。場合によっては，目をつぶって聴かせます。1分くらいで十分です。

氷をさわるというのは，実際に冷たさを体感させ，裸足で雪の中を歩くというつらさを想像させるためです。

「銭」という金銭感覚は，教師もわかりません。具体的な例示をしたプリントをつくり，説明することが必要です。

● 展開

基本発問，中心発問，主題に迫る発問という構成になっています。しっかり考える構成にしてあります。

討論的な議論に適した教材ではないので，語り合い的な議論を取り入れています。

発問「『私』はなぜつり銭をごまかしてしまったのでしょうか」では，
・足袋が買える。　・冷たさから逃げられる。
・お金に目がくらんだ。　・誘惑に負けた。
・悪い心に負けた。　・後で返せばいい。
・40銭ならたいして困らないだろう。
・正しい心がなかった。　・心が弱い。
など，多面的・多角的に意見が出ました。

発問「小樽に行って，おばあさんの死を知った時，『私』はどんなことを思ったでしょうか」では，

人間としてよりよく生きる

「足袋の季節」
- 氷にさわる
- お金の価値

◆ なぜつり銭をごまかしてしまったのか
- 正しい心がなかった
- 40銭ならたいして困らないだろう
- お金に目がくらんだ
- 足袋が買える

◆ おばあさんの死。どう思ったか
- 謝りたかったのにできずショック
- 自分の気持ちを説明したかった
- 二度と悪いことはしない
- これからの生き方で恩返ししたい

◆ 人間としてよりよく生きる

（よりよく生きるために）　（反省・謝罪 乗り越える）　（心の弱さ・醜さ）

・謝りたかったのにできずにショック。
・一言お礼を言いたかった。
・自分の気持ちを説明したかった。
・おばあさんがわかっていて渡してくれたのではないかと思っていて、確かめたかった。
・二度と悪いことはしない。
・おばあさんに感謝して生きていきたい。
・これからの生き方で恩返ししたい。

など、自分が「私」の立場だったらと考えた意見が出ました。

発問「自分の弱さを乗り越え、人間としてよりよく生きることをあなたはどう思いますか」では、今日の授業を振り返りながら、各自のこれからについてふれた意見が出ました。

● 終末

まず自己評価表を記入させます。

次に、感想シートを記入させます。

感想シートは、自己評価表とセットにして印刷しました。5行くらいの罫線を引いた欄です。あわせて5分くらいで記入させます。

最後は余韻を残して終えたいので、心が和む音楽を1分くらいかけます。

評価はワークシートで行います。

1つ目と2つ目の発問は自我関与。3つ目の発問はこれからへの思いや課題。さらに、発問3つを通して、他の生徒の意見から学べたか、多面的・多角的に考えられたかなどの視点で評価できます。

（菅）

▶内容項目：D−(22)よりよく生きる喜び

掲載教科書：東書／学図／教出／光村／日文／学研／あかつき／日科

ネパールのビール

人間の本質を考え，何がよりよい生き方なのか考えよう

ねらい

「私」が反省した内容とチェトリの行動を通して，「人間の本質」について考える。「人間の本質」には悪の部分と善の部分が存在することに気づき，これからの人生を「人間の本質」から考え，よりよく生きる判断力を育む。

教材のあらすじと活用ポイント

　ネパールの村に撮影に行った「私」は，チェトリから「ビールを買ってきてあげる」という申し出を受けます。チェトリは，徒歩で往復3時間かけてビールを買ってきました。そこで，2回目は地元の人々にとっての大金をもたせて頼みましたが，2日経っても戻ってきません。3日目の夜，割れたビール瓶の破片も全部持ってチェトリは帰ってきます。チェトリの肩を抱いて，「私」は涙を流し反省します。「私」の安易な考えと，チェトリの人のために頼まれたことをやりとげようとする行動を通して人間の本質を考えます。

「特別の教科　道徳」の授業づくりのポイント

　ネパールの村の人々は，厳しい自然や経済状況の中で純朴に生きていて，若者は都会に憧れをもっているということを伝えます。教材が長いので，前半は教師が話して説明してもよいと思います。「人間の本質とは何か」に迫るために，「『私』の反省」と「チェトリの行動」について考えます。「『私』の反省」では，人間の本質の弱い部分を生徒は多く捉えます。そこで，「チェトリの行動」から，人間の本質のよい部分にも生徒が目を向けられるようにします。この2つの部分を捉えることで，人間には弱く醜い部分と善良な部分があることに気づき，それに向かい合ってどのように生きていけばよいか考えを深めます。

評価のポイント

　授業中の発言の記録や板書から，生徒が自分の考えをもつことができたかを見取ります。人間の本質には弱く醜い部分と善良な部分があり，この両面をもちながら自分はどう生きようと考えるかを自分の言葉で語ることができる授業となったかを評価します。

本時の流れ

	○学習活動	●教師の手だて　◇評価　※留意点
導入	○「人間の本質とは何か」をこの時間で考えていくことを知る。	●「人間は動く」「生きている」などの生物的なことではなく，考え方や心の中のことであることを伝える。
展開	○範読を聞く。	●教材が長いので，ネパールの状況は，タブレット端末などを利用しながら端的に説明する。
	発問　「私」は何を反省したのでしょうか。	
	○考えたことを発言する。	
	発問　人間の本質とは何でしょうか。	
	○率直な考えを発表する。	●発言を生徒と共に吟味して分類しながら板書する。
	発問　どうしてそう考えたのか理由を教えてください。	
	○自分の考えについて，その理由や根拠を再び自分に問う。	●他者の考えを聞いて，自分に問い返すことで，自分の考えを広げ，深めさせる。 ●自分以外の理由や根拠を聞きたくなり，他者との対話が促進されるようにする。
	発問　チェトリの行動から考えるとどうなのでしょうか。	
	○チェトリの行動からも人間の本質を考える。	●人間の本質の別の面に気づくような発問をする。
	発問　「自分の発想になかった」「参考になった」考えを教えてください。	
	○自分の考えとの異同を聴き分ける。	●自分の考えがどう広がり深まったかを実感するための発問をする。
終末	発問　今日学んだことを書きましょう。	
	○振り返りシートに記入する。	●「自分の発想になかった」「参考になった」ことをもとにして，振り返りシートへの記入を促す。

準備物

・ICT機器
・振り返りシート

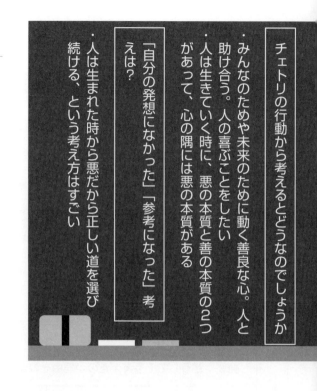

チェトリの行動から考えるとどうなのでしょうか
・みんなのためや未来のために動く善良な心。人と助け合う。人の喜ぶことをしたい
・人は生きていく時に、悪の本質と善の本質の2つがあって、心の隅には悪の本質がある
「自分の発想になかった」「参考になった」考えは？
・人は生まれた時から悪だから正しい道を選び続ける、という考え方はすごい

本時の実際

🟢 導入

展開で対話する時間をしっかり確保するために、導入はできるだけ短時間でできるようにします。今日の授業は何について考え学ぶのかをさっとわかりやすく提示します。

この時間は、「人間の本質とは何か」を考えると伝えます。それは、生物的なことではなく人間がもっている考え方や心の本質であることを押さえておきます。

さらに、教材が長いので対話の時間を確保するために、ネパールの村の人々の暮らしが、「危険と隣り合わせである」「自然があるが人々にとっては不便である」「経済的に豊かではない」「若者は便利な都会に憧れている」という状況を説明しておけば、授業が円滑に進みます。ICT機器で具体的に示すと理解もはやいです。

🟢 展開

村人も先生も「チェトリは帰ってこない」と言う中、「私」だけは「子どもの人生を狂わしてしまった」と感じていることを確認しておきます。そこで、1つ目の発問をします。

「人を道具として使うなんてダメな人間。調子に乗ってしまった。やめておけばよかった。先のことも考えずに頼んでしまった」という発言を踏まえて2つ目の発問をします。

ア　人間は生まれた時から悪
イ　善悪より欲望を優先させる
ウ　周りに流されやすい
エ　自己中心的、わがまま
オ　人の弱さに抗う力がある
カ　人と比べて優劣をつける

生徒からの発言を生徒と共に吟味し、分類することで、生徒は自分の考えが明確になり

ネパールのビール

- ネパールの村
- 危険と隣り合わせ
- 自然があるが人々にとっては不便
- 経済的に豊かではない
- 若者は便利な都会に憧れている

「私」は何を反省したのでしょうか

- 人を道具として使うなんてダメな人間
- 調子に乗ってしまった。やめておけばよかった
- 先のことも考えずに頼んでしまった

人間の本質とは何でしょうか

ア 人間は生まれた時から悪
・人は生まれてくる時にお母さんを苦しめる。命を奪うこともある。だから正しい道や未来を選び続けなければいけない
イ 善悪より欲望を優先させる
・周りに流されやすい
ウ 強いものなど、悪いと思っていてもそっちに行ってしまう
エ 自己中心的、わがまま
オ 人の弱さに抗う力がある
・人間は悪いところを自覚してしようとする力をもっていると思う
カ 人と比べて優劣をつけようとしている
・テストの時もがんばって勉強していい点をとろうとしている

終末

展開の後半または授業の終末に、5つ目の発問をします。友達の考えを助けに、自分の道徳的価値に対するはじめの考えから、どのように成長したのか自分の中で考えます。「人は生まれた時から悪だから正しい道を選び続ける、という考え方はすごいと思いました」という発言がありました。こう言ってもらった生徒も発言が役に立ったと感じます。最後に6つ目の発問をします。振り返りシートには「人は、悪い本質で生きていくのではなく、よい本質を踏まえて生きていけばいいのだと思います」「人は、その弱さに抗うために、迷って、悩んで真の道を選び続け、自分が思うような人間になればいいと思います」とこれからの生き方を書くことができました。

ます。さらに、その理由や根拠を聞くと、自分の考えとの異同を聞きたくなり、話したくなって対話が促進されます。「人は生まれてくる時にお母さんを苦しめる。命を奪うこともある。だから正しい道や未来を選び続けなければいけない」「人間は悪いところを自覚して必死でそれを何とかしようとする力をもっていると思う」と自分の考えの理由を話しました。

チェトリの行動から人間の本質を考える4つ目の発問をします。「みんなのためや未来のために動く善良な心。人と助け合う。人の喜ぶことをしたい」という発言がありました。「人は生きていく時に、悪の本質と善の本質の2つがあって、心の隅には悪の本質があるんじゃないかな」と考えを深めていきました。

(増田)

3章

中学2年
通知表の
記入文例集

※3章で取り上げている各文例は，大きくくりなまとまりを踏まえた評価をする中で，その具体例として「特に成長の姿が見られた授業」の様子を，生徒や保護者にわかりやすく伝えようとする内容となっています。

1学期の記入文例

Aの視点に関わる文例

●教材中の主人公がその場の雰囲気に流されて空き缶を放置してしまったことに対しては、一定の理解を示していました。しかし、自分が主人公の立場だったら、その場の雰囲気に流されて正しく判断できないと後悔することになるので、自分の行為には責任をもちたいし正しい判断がしたいとワークシートに書いていました。

●教材中の主人公の生活習慣と自分自身の生活のリズムを見つめた時、自分の日々の生活が不摂生であったと感じたようです。1学期の授業を通して、規則正しい生活を送らなければならないとわかっていることを再確認でき、規則正しい生活習慣の実践化への意欲が高まってきています。

●自分自身を見つめ、自分はどのような人間なのか、どのような性格なのかを真剣に考える姿が見られました。考えていく過程の中で、自分にはどのような個性があるのかを自己分析し、それを自分の持ち味として捉え、よりよい方向に伸ばし輝かせていくことが大切だと振り返りシートに記述していました。

●「克己と強い意志」を扱った授業では、主人公の生き方に触発され、自分を主人公に投影し、努力を忘れずねばり強く生きていきたいと力強く発言してくれました。この発言は、他の生徒にも説得力をもって受け入れられていました。

●憧れているプロ野球選手が取り上げられている教材だったので、興味・関心をもって授業に取り組めました。プロ野球選手になるような人でも、すべてが順風満帆ではないことを知ることができました。そして、弱音をはかずねばり強くやりぬくことの大切さや尊さを感じることができました。

●ノーベル生理学・医学賞を受賞した山中伸弥博士を扱った教材では、未知のものを明らかにしようとする意欲や真実を追い求めていくあくなき研究姿勢、新たなものを創造していこうとする態度のすばらしさや大切さに気づくことができました。そして、そのような山中伸弥博士の姿勢を見習いたいと発言しました。

1学期の記入文例

Bの視点に関わる文例

- 人間には弱い面や醜い面があり，自分勝手で自己中心的な面もあるけれど，他者の立場に立って考え，親切な思いやりのある行動をとれる人もたくさんいるという現実を友達との話し合いを通して気づくことができました。これから，人間の心のあたたかさを見つめていきたいし実践できる人になりたいと語ってくれました。

- 「思いやり，感謝」の授業では，人は生活していく中で多くの人のあたたかい思いやりの心に支えられ日々の生活が成り立っていることを理解することができました。そのうえで，これまでの生活で受けた思いやりを振り返ることができました。そして，その思いやりの心に対しての感謝の弁をワークシートに綴っていました。

- 2人1組になり簡単な挨拶を交わす場面を設定し，丁寧な挨拶やぞんざいな挨拶を交互に交わす役割演技を行うことにより，礼儀について考えました。丁寧な挨拶は気持ちがよく人間関係も良好になることが理解できました。しっかりした挨拶を心がける意欲が高まりました。

- 友情について考えた授業では，表面的なつきあい方でなく，腹をわって話し合ったり忠告したりする間柄が本当の友情だと発言してくれました。そして，そのような友達がほしいし，そのような友達関係がつくれるようにがんばりたいと述べていました。

- 「友達が不正を犯した場合に，自分ならどうするのか？」の問いに対して，多くの生徒が「友達に注意する」と発言する中で，「信頼していた友ならば，まずは不正の理由を聞くべきではないのか？」と問題提起をしてくれました。この発言により，建前論を超えて友情の在り方についての話し合いが深まりました。

- 相手のことをわかろうとするためには，まず，自分自身の思いや考えを伝え，そのうえで，相手の考えを真摯に受け止めることが大切だと気づきました。さらに，相手を深く理解するためには，相手の立場や個性を考慮し，寛容な態度で臨んでいくことの必要性や大切さを知ることができました。

1学期の記入文例

Cの視点に関わる文例

●いじめの話を扱った授業では，被害者，加害者，観衆，傍観者の立場に立って多角的にいじめについて考えました。いじめの最大の原因は人を平等に見ていないために生ずることであり，自分と同様に相手も尊重し誰に対しても公正，公平な態度で接すれば，いじめはなくなるはずだと発表してくれました。

●働くことについて考える学習では，友達との話し合いを通じ多面的・多角的に考える中で，働くことは，生活を支えていくために必要なものであるし自分の個性を生かしていくことでもあり，生きがいにもつながることを理解することができました。学習を通して，働くことへの意識が高まってきました。

●家族愛について考える学習では，母親の愛情の深さに気づいた主人公の立場に立って考えていました。とかく当たり前のように思っている家族の存在やいろいろと世話をしてもらっていることに対して振り返るよい機会となりました。道徳ノートには「家族に感謝し，家族のために自分でできることはする」と書いていました。

●よりよい集団にしていくためには，自分の役割を果たしていくことと同時に相手の立場を理解したうえで，相手の権利も尊重していくことが大切だということに気づくことができました。集団生活の向上を図っていこうとする意欲が高まっています。

●地域の伝統芸能を取り上げた教材では，伝統芸能が先人たちの努力により幾多の困難を乗り越え継承され現在にいたっていることを知りました。「伝統芸能のことを知って，この地域に誇りをもつことができました。そして，未来につなげてほしいし，自分にできることがあれば役に立ちたい」と発言していました。

●自分の職を賭す覚悟でビザを書き続けた杉原千畝の生き方に深く感動していました。友達ともビザを書くべきか否かについていろいろな視点から考えました。杉原千畝の気持ちに寄りそい苦悩に共感する中で，自分も杉原千畝のような人類愛に満ちた生き方を見習い，そのような生き方がしたいとワークシートに書いていました。

1学期の記入文例

Dの視点に関わる文例

- 生命の大切さを考える授業では，自分の命がかけがえのないものであることを再確認するとともに，両親や祖父母などのつながりの中で自分が生きていることを感じることができました。あらためて，自分の命を大切にしたいことや，その命を輝かせて生きていこうとする決意を振り返りシートに書いていました。

- 自然保護に関する教材を扱った学習では，林間学校や臨海学校の体験で味わった山や海の自然の美しさを思い出していました。このような自然は一旦破壊されてしまうと再生が不可能なこともあり，その美しさが失われてしまうことを理解しました。自然の美しさが失われないよう保護しようとしていく意識が高まってきています。

- 自然環境保護団体が活動する教材をもとに自然愛護について学習しました。自然環境の保全を行っていくことの重要性を理解することができました。また，団体で活動している方の「自然と共に生きる。自然から学ぶ」という言葉から，人間は自然の中で生かされているという意識が芽生えました。

- 満天の星空や宇宙の写真をもとに考える授業では，自分が体験した星空観察の感動を想起しながら考えていました。宇宙の神秘に思いをはせるとともに自然の美しさや人間の力を超えたものに対する畏敬の念が育まれています。

- 東日本大震災を扱った教材では，震災が多くの被害や悲しみをもたらしたことを思い出し，涙ぐむ場面が見られました。しかし，肉親を失った人々が悲嘆にくれてはいるけれど次第に前を向いて生きていく姿を見て，悲しいことや苦しいことがあったとしても力強く生きていくことの大切さを感じることができました。

- ゲストティーチャーの話から，人としての生き方の指針を学ぶことができました。目標を立てて努力したけれど思うようにはいかず失敗の連続，それでも失敗の原因を究明し研究を重ね再チャレンジした結果，自分の夢や目標を達成することができたという話に心をうたれ，前向きに生きていこうとする意欲が高まってきています。

2学期の記入文例

Ａの視点に関わる文例

●自由について考える学習では，自由には自分で判断した故に自分で責任をとることや責任ある言動をしなければならないことが内在していることを理解しました。自主的に考え，結果を予測し，誠実に実行しようとする意欲が高まってきています。

●主人公が注意散漫で起こしてしまった事故を扱った教材では，同じような体験があり切実感をもって授業に臨んでいました。事故は気のゆるみや不注意から起こるので，自分が節度を守り節制に心がけることで安全はつくれることを理解しました。危機管理についての意識が高まってきています。

●なかなか整理整頓ができない主人公に自分を投影し，自分も同じようだと発言してくれました。自分は決意し努力はするのだけれど，長続きしないと自己分析しています。これを改善していくためには，さらに強い意志が必要だし，自分なりの工夫をしていくことが大切だと，ワークシートに書いていました。

●主人公の個性を生かした生き方にふれ，自分の個性について向き合うことができました。これまで，自分には特に長所などはないと言っていましたが，授業を通じて自分のよさに気づくことができました。そして，その長所を生活の中で生かしていこうとする意欲の高まりが見られました。

●オリンピックに出場するような選手でも，すべてが順調に進んでいたわけではなく，多くの挫折や苦悩を経験し，それを乗り越えて現在があることを理解することができました。このことと自分を比較した時，自分の前にある壁がさほど高くないことや自分の意志の弱さを実感し，ねばり強い努力の必要性を感じていました。

●真理の探究について考える学習では，主人公が疑問に思ったことを追求していく姿勢に共感し，真理を求めていく大切さを理解しました。この真理を求めていく姿勢こそが，先入観や思いこみを排除し，新たな発見や創造につながり，社会の発展や人間社会を豊かなものにしていく力になっていることに気づきました。

2学期の記入文例

Bの視点に関わる文例

● 思いやりについて考える学習では，相手に対しての言葉づかいに配慮することと同時に尊敬や感謝の気持ちをもつことが大切であることに気づきました。このことをもとに，自分自身の態度や行動を振り返っていました。これからの学校生活で新たに気づいた思いやりを実践していこうとする意欲が高まっています。

● 教材の内容から，思いやりは日常で接している人からだけではなく，会話をしたこともない人からも受けていることを知ることができました。直に接することがない他者に対する思いやりのすばらしさに気づき，実践への意欲が高まっています。

● 教材中の主人公が登山でお世話になったにもかかわらず礼儀を欠いたことについて，手紙を書くことの面倒さは理解しつつも失礼にあたると批判していました。手紙を書くことの大変さはあるが，礼儀は相手を敬うことにつながり，人間関係を良好な状態に保つものだと発言しました。礼儀を大切にする心が育っています。

● 友情について深く考えることができました。友達とは，仲がよい人，忠告し合える人，互いに切磋琢磨できる人などと再整理していました。また，友情には，信頼，親切，思いやりなどの価値の要素が含まれていると発言しました。この言葉をクラスメイトは驚きをもって称賛していました。

● 教師の「友情と本当の友情とは何が違うのだろう？」という問いかけを，友達とも意見交換をして真剣に考えていました。そして，本当の友達とは楽しい時も苦しい時も共に思いを共有できる人，互いの正しさの向上を願い一生つきあっていける人と結論づけていました。道徳ノートに，そんな親友と思われる友になりたいと書けるようになりました。

● 相互理解，寛容の学習では，この価値に照らして自分の言動を見つめていました。相手の状況や立場を考慮せずミスを責めていた自分がいたことを振り返っていました。自分も同様の失敗をすることがあることを考えると，謙虚な気持ちで相手に対応することや寛大な気持ちで接していくことの大切さに気づくことができました。

2学期の記入文例

Cの視点に関わる文例

●法やルールについて考える授業では,「法やルールは社会生活を営むうえで円滑に生活していくための潤滑剤のようなものであり,必要不可欠なものである。ただ,法やルールは最小限にとどめるべきで,これを実現させていくためには公徳心をもつことが大切だ」と発言してくれました。法やルールを守ることの意識の高さが感じられるようになりました。

●阪神・淡路大震災や東日本大震災のボランティア活動の様子を知り,その活動や動機に深い感銘を受けていました。個人だけの幸福を願うのではなく,他者の幸福とともに社会全体の幸福を願う意識をもつことができました。社会のために役立っていきたいという意欲の高まりが見られます。

●主人公が自分の通う学校をよりよくするために奮闘する姿に自分自身を重ね合わせて考えていました。中学校生活も半分が過ぎ,生徒会活動や部活動などで中心となり活躍しています。これまでのよき校風を継承し,さらによりよい学校づくりを目指していこうとする意欲が高まっています。

●郷土の伝統と文化について考える学習では,地域のお祭りを扱った教材で話し合いをしました。友達との話し合いを通じて,お祭りには地域が円滑に機能していくための働きがあることを知るとともに,これまでお祭りを支えてくれた先人への感謝の意味があることがわかりました。郷土を大切にしたいという気持ちが育っています。

●夏休みに海外派遣留学を体験した主人公が,外国人から日本の文化について問われてもうまく答えられなかったのと同様に,自分もうまく答えることはできないと発言してくれました。日本で生まれ,日本で暮らしているのに意外と日本の文化を知らないことに気づき,日本の文化や伝統について学んでいこうとする意欲が高まっています。

●国籍や人種を超え,同じ地球に生活する人間として支え合わなければならないという信念のもとに活動した日本人の生き方にふれることができました。この学習を通して,将来は,国境を超え,世界の人々のために活躍したいとの思いが高まっています。

2学期の記入文例

Dの視点に関わる文例

● ガンと診断され余命半年と宣告された主人公の生き方から、生命の大切さ、生きていることのありがたさについて考えました。この学習を通して、今生きていることに感謝し、力強く生き、命を輝かせていこうとする意欲の高まりを感じられるようになりました。

● 出産を扱った教材で生命の大切さに対する理解を深めました。ゲストティーチャーとして招いた助産師さんから赤ちゃんがお母さんのおなかの中にいる時や出産時などの話を聞きました。出生には多くの人の思いがあり多くの支えがあったことを知ることで、かけがえのない唯一無二の命を授かったのだという思いの高まりを感じられるようになりました。

● 科学技術の発展と人間・自然との共存について考えました。科学技術の発展は人間の生活に便利さはもたらすけれど、一方で自然破壊につながる可能性があることを知りました。今の生活を維持し人間と自然との共存を図るために、自分にできる自然環境の保全に努めようとする意欲の高まりを感じられるようになりました。

● 教材中の真っ赤に染まる夕焼けの写真から、宿泊体験学習で見た太陽が傾くにつれ青かった空が次第に茜色に染まっていく夕日の光景を思い出し、自然がつくりだす美しさや不思議さに感嘆していました。忙しい中学校生活を送っていますが、その中でも自然の美しさに感動する心が育っています。

● 教材「夜は人間以外のものの時間」を用いた学習では、現代社会は科学技術の発達で人間万能や人間中心主義の思想が強いけれど、この考え方を見直すべきだと発言しました。さらに、私たちが生きている空間には人知を超えるものがあり、人間はもっと謙虚になるべきだと語ってくれました。

● 教材中の少年がおつりを多く受け取ってしまった行為について、少年の境遇を考慮し一定の共感は示していました。しかし、その行為は自分の心の弱さに負けたわけであり、おばあさんの状況を考えれば人として恥ずべき行為だと発言しました。そのうえで、自分は心の弱さに負けず正しく強く生きていきたいとノートに書いていました。

3学期の記入文例

Aの視点に関わる文例

●道徳科の学習を重ねていく中で，自分の考えを明確にもつことができるようになってきました。教材中の主人公の判断の是非や理由づけを考えることで，このような力が培われたと思います。友達の様々な意見に耳を傾けながら多面的・多角的に考察する力や自律的に思考し正しく判断する力がついてきています。

●道徳科で学んだことが生活の場面で役立っています。特に，基本的な生活習慣を考える学習では，自分の生活習慣を振り返り見つめ直すよいきっかけとなり，実践への意欲づけにつながりました。自分自身を律しコントロールすることで1日の限られた時間を有効に使い，充実した学校生活を送ることができています。

●教材中の主人公に照らして自分にはどのような長所や短所があるのか，自分の個性はどのようなものなのかを深く考えていました。結論として，自分は自分らしく持ち味としての個性を伸ばしていくことで，充実した生活をしたいとノートに書いていました。

●主人公の個性を生かした生き方にふれ，友達からのアドバイスも得ながら自分の個性について考えていきました。そして，自分自身の個性を伸ばし誇れるようになりたいという意欲が高まってきています。自分のこれからの将来を見つめ，個性を生かした生き方を模索しはじめています。

●かたい決意のもとに立てた目標に対して，困難や苦労を重ねながらも克服し，当初の目的を果たした主人公に共感し，心折れない強い意志と実行力をもつことの大切さについて，あらためて大切だと理解することができました。ワークシートの記述から困難なことにも立ち向かう意欲の高まりを感じられるようになりました。

●真実や真理を探究し創造していくためには，多面的・多角的に考え，新しい視点から物事を見つめていくことが大切だとわかりました。これは学術研究の世界だけのことでなく日常生活にも通じることで，日頃の生活の中で創意工夫をしていくことが，新たな創造につながることを理解し生かそうとしています。

3学期の記入文例

Bの視点に関わる文例

● 思いやりには，いろいろな在り方があることに話し合いの中で気づくことができました。これまでは，思いやりとは積極的な行為によって表現するものだと思っていたようです。しかし，友達の意見や種々の考え方にふれ，黙ってあたたかく見守る思いやりの在り方について理解することができました。

● これまでの思いやりを扱った授業では，思いやりは自分の視点で考え相手のことを気づかうことと捉えていたのですが，3学期では思いやりとは一方的なものではなく相手の立場に立って考えることが大切なのだと，捉え方の幅が広がりました。1年間の道徳科の学習を通して深く考えられるようになりました。

● 日常生活で何気なく行っている時と場に応じた挨拶や言葉づかいなどの礼儀について深く考えることができました。学級での話し合いを通じて，礼儀は人間関係や社会生活を円滑にするものであることや，礼儀の根底に他者に対する敬意の念があってこそ礼儀としての意義があることに気づきました。

● 道徳科におけるねらいとする道徳的価値を追求していく場面では，毎時間，意欲的に話し合いに参加していました。友情を扱った授業では，日常生活での体験と対比しながら，友情の在り方について考えていました。友情に対する見方や考え方が深まりました。

● 自分を成長させていくためには，他者から謙虚に学んでいくことが大切だということに友達との意見交換の中で気づきました。自分のものの見方や考え方を広げ深めていくためには，違いは違いとして認め，他者の意見を寛容の心で受け止めていくことが大切だと理解することができました。

● 友達同士のトラブルを扱った教材の内容から，日常生活の中でトラブルがあると，その原因は相手にあり相手の過ちを責めていた自分がいたことに気づきました。良好な人間関係を築いていくためには，謙虚な心をもつことや広い心で相手を受け入れていくことが大切であることを理解し，実践していこうとしています。

3学期の記入文例

Cの視点に関わる文例

●法を守るということは，制限を強いるものと捉えるのではなく，個人の自由を保障するものであるとの捉え直しができました。このことは，大きな成長です。法の意義を理解したうえで，守っていこうとする意欲が高まっているようです。

●正義には平等のような考え方も必要ではないかと指摘してくれました。みんなが幸せを願って生きているのに，いじめられて不幸を感じている人がいれば，それは平等ではない！　そのような社会は正義が実現されていないと，深い考えの発言をしてくれました。正義を実践しようとする意欲の高まりが感じられるようになりました。

●社会参画に関する学習では，社会生活で他者に迷惑をかけないことが前提であり，そのうえで社会のために何ができるのかを考えるべきだと発言してくれました。1年間の道徳科での学び，学級活動や生徒会活動への参加，ボランティア活動などを通して，社会のために自分にできることは行っていくという意欲が高まっているようです。

●働くことの意義について学ぶ学習では，自分が経験した職場体験学習での出来事を想起しながら考えていました。授業を通じて，労働は生活していくためのお金を得ることという認識の他に，働くことは多くの人のためになり，自分の生きがいにつながることを実感をともなって理解することができました。

●家族愛や家庭生活の充実を考える学習では，役割演技を通じて，それぞれの立場に立って考えることができました。このことを通じて，祖父母や父母の気持ちが理解でき，自分を支えてくれる愛情の深さに気づき，これからの家庭生活における自分の果たすべき役割についての意識や家族への感謝の気持ちが高まっているようです。

●先人たちが日本の発展のために努力してきたことを知ることができました。現在の豊かな日本はその成果の結果であり，現在を生きる者として，さらに国を発展させていくことへの思いをつのらせています。自分が生活している，家庭，学校，地域社会と同様に国を愛することへの意識の高まりが感じられるようになりました。

3学期の記入文例

Dの視点に関わる文例

- 生命の尊さの授業では、今ここで生きているという不思議さや偶然性、両親や祖父母などから連綿とつながれた命のリレーの中で生きていることを考え、感慨にひたっていました。そして、有限性のある命であり一度限りの人生なので、受け継がれた命を大切にし、これからの生活を輝かせようと、新たな決意をしていました。

- 年間数回行った生命の尊さに関する授業では、自分の考えを積極的に発言してくれました。ドナーカードを扱った現代的な生命倫理に関する授業でも友達と議論する場面が見受けられました。命には、一度しかない有限な生物学的な命の他に社会・文化的な命や精神性の命があることを指摘し、命について深く考えることができるようになってきました。

- 開発すべきか、自然環境を保全すべきか、という現代的な課題に対して真剣に考えていました。この課題に対して、友達とも意見を交わしながら多面的・多角的に考察していきました。二者択一ではなく持続可能な社会の発展と地球環境の保全についてグローバルな視点から考えることができました。

- 東日本大震災を扱った教材では、震災が多くの悲しみをもたらすと同時に、復興の過程で人々が支え合い前向きに生きていく感動のドラマが生まれていることを知りました。自然災害は人知を超えており、多くの苦しみや悲しみをともなうが、そこには感動も生まれ、その感動こそが人間の生きていく原動力になることに気づきました。

- 道徳科の授業で多くのことを学び、人として何を大切にして生きていくべきかを深く考えることができるようになりました。「ネパールのビール」を扱った授業では、少年が約束を誠実に果たす姿から、まっとうな生き方への意欲を高めていました。

- 深い思考の中から発せられた意見は、深まりのある学習に大いに貢献してくれました。偉人を取り上げた授業では「偉人は私たちとかけ離れた存在ではない。人間はみんな、弱さや醜さがある一方で気高さや誇りをもっている。この気高さを大切にしていくことで私たちも偉人になれる」という発言に級友たちはうなずいていました。

(富岡)

【執筆者紹介】（執筆順）

柴原　弘志	京都産業大学教授
柴田八重子	愛知淑徳大学非常勤講師
根岸　久明	神奈川大学非常勤講師
中野　真悟	愛知県刈谷市立日高小学校
鈴木　明雄	麗澤大学大学院准教授
荊木　　聡	大阪教育大学附属天王寺中学校
富岡　　栄	麗澤大学大学院准教授
須貝　牧子	東京都練馬区立中村中学校
田邊　重任	高知学園短期大学教授
松岡　敬興	山口大学准教授
大舘　昭彦	千葉県教育庁東葛飾教育事務所主席指導主事
本屋敷耕三	福岡県古賀市立古賀中学校
両角　　太	長野県茅野市立永明中学校
石黒真愁子	元埼玉県さいたま市立大門小学校校長
松島　千尋	長野県松本市立会田中学校
及川　仁美	岩手県盛岡市立厨川中学校
菅　　明男	元東京都江東区立第二亀戸中学校
増田　千晴	愛知県江南市立古知野中学校

【編著者紹介】

柴原　弘志（しばはら　ひろし）

昭和30年，福岡県生まれ。京都大学教育学部卒業。
京都市立中学校教員を経て，京都市教育委員会学校指導課指導主事（主として道徳・特別活動領域担当）。
平成13年から文部科学省初等中等教育局教育課程課教科調査官。
その後，京都市立下京中学校校長，京都市教育委員会指導部長等を経て，現在，京都産業大学教授。
平成26年，中央教育審議会道徳教育専門部会主査代理。
平成27年，道徳教育に係る評価等の在り方に関する専門家会議副座長。

板書＆指導案でよくわかる！
中学校2年の道徳授業　35時間のすべて

| 2019年4月初版第1刷刊 | ©編著者 | 柴　原　弘　志 |
| 2020年4月初版第2刷刊 | 発行者 | 藤　原　光　政 |

発行所　明治図書出版株式会社
　　　　http://www.meijitosho.co.jp
　　　　（企画）茅野　現　（校正）嵯峨裕子
　　　　〒114-0023　東京都北区滝野川7-46-1
　　　　振替00160-5-151318　電話03(5907)6701
　　　　ご注文窓口　電話03(5907)6668

＊検印省略　　　組版所　長野印刷商工株式会社

本書の無断コピーは，著作権・出版権にふれます。ご注意ください。

Printed in Japan　　ISBN978-4-18-381215-5
もれなくクーポンがもらえる！読者アンケートはこちらから
→

中学校 新学習指導要領
道徳の授業づくり

柴原 弘志
荊木 聡 著

考える道徳、議論する道徳、問題解決的な学習、評価…など、様々な新しいキーワードが提示された新学習指導要領。それらをどのように授業で具現化すればよいのかを徹底解説。校内研修、研究授業から指導計画まで、あらゆる場面で活用できる1冊。

168ページ／Ａ５判／2,000円+税／図書番号：2863

道徳科授業サポートBOOKS
道徳科授業づくりと評価の20講義

富岡 栄 著

質の高い道徳授業を行っていくにはどうすればよいのか、計画づくりから授業づくりまでを詳細に解説。また、評価について研究を重ねてきた著者が、評価の具体的な在り方から具体的な評価文例までを記した。これから道徳を学ぶ人も、研究してきた人も必読の1冊。

152ページ／Ａ５判／1,860円+税／図書番号：2408

明治図書 携帯・スマートフォンからは **明治図書ONLINEへ** 書籍の検索、注文ができます。 ▶▶▶
http://www.meijitosho.co.jp　＊併記4桁の図書番号（英数字）でHP、携帯での検索・注文が簡単に行えます。
〒114-0023　東京都北区滝野川7-46-1　ご注文窓口　TEL 03-5907-6668　FAX 050-3156-2790

＊価格は全て本体価格表示です。